hänssler

Cornelia Mack (Hrsg.):

Praxisbuch Weihnachtsanspiele

Hänssler-Praxisbuch
Bestell-Nr. 393.327
ISBN 3-7751-3327-5

Umschlaggestaltung: Daniel Kocherscheidt
Titelbild: projectphotos
Satz: Vaihinger Satz + Druck
Druck und Bindung: Ebner ULM
Printed in Germany

Inhalt

★ Adventsanspiele

★ Weihnachtsanspiele

★ Krippenspiele

geeignet für Kinderkirchweihnachtsfeiern oder Weihnachts-Familiengottesdienste

★ Speziell für Kinder

Adventsanspiele

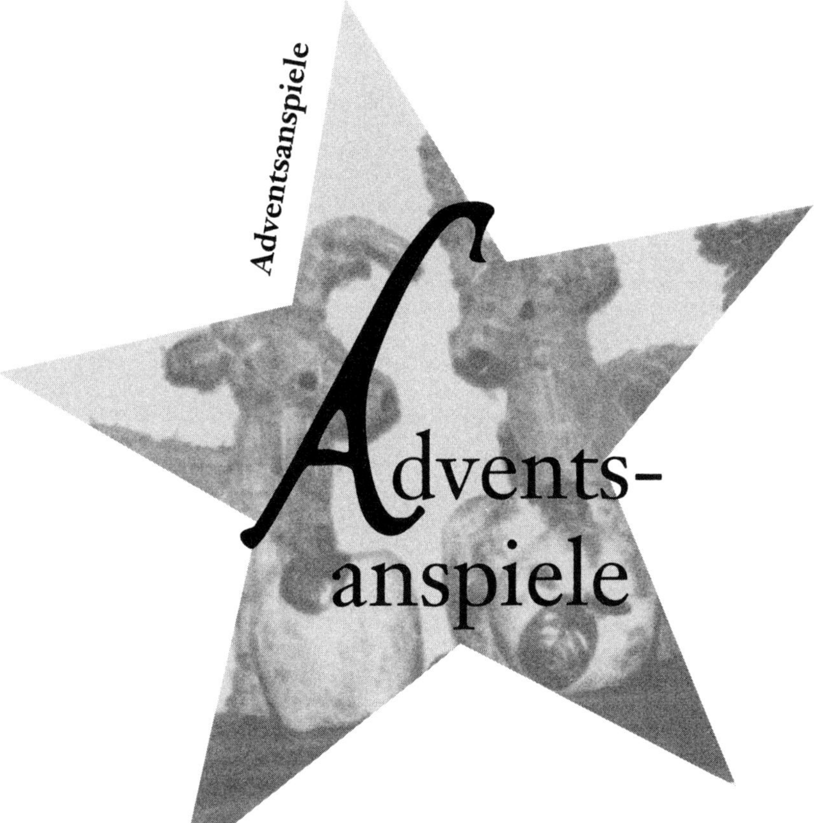

Advents-anspiele

Vier Adventslichter

★ **Anzahl der Spieler:** 7

1. Advent, 2. Advent, 3. Advent, 4. Advent – *alle hell angezogen, z.B. weiße Bluse – mit brennenden, großen, roten Kerzen und Tannenzweige in den Händen* – 1. Gegenwind, 2. Gegenwind, 3. Gegenwind – *alle dunkel gekleidet, mit schwarzem Tuch Wind machend.*

★ **Zielgruppe:** Adventsfeier in Gemeindegruppen

★ **Inhalt:** Die Hoffnung des Advents

★ **Dauer:** ca. 20 Minuten

1. Advent: Ich bin das erste Adventslicht. Ich brenne für Frieden und Versöhnung: Frieden unter den Völkern, Versöhnung in den Familien. Menschen sollen sich die Hand reichen und sagen: »Wir wollen keinen Streit mehr miteinander haben!« Der eine spricht zum andern: »Es tut mir Leid, dass ich dich verletzt habe!« Der andere antwortet: »Vergib auch mir! Auch ich bin daran schuld!« *(hebt die Kerze hoch über den Kopf)*. Nur so entsteht Friede. Adventszeit ist Versöhnungszeit! Verwandte sollen nicht mehr aneinander vorbeileben, sondern endlich ihre Erbstreitigkeiten begraben. Menschen, die sich nicht leiden können, grüßen sich wieder. Sie reden jetzt nicht mehr schlecht übereinander. Sie tragen sich nichts mehr nach und haben ihre Vorwürfe abgelegt. *(Kerze hoch)* Denn Adventszeit ist Versöhnungszeit!

1. Gegenwind: *(stößt den 1. Advent auf die Seite)* Alles Bla-Bla! Frieden – ph! Versöhnung? *(tippt sich an die Stirn)* Wenn ich so was höre! Sieh dir die Welt an: Mord und Totschlag in ... *(Aktuelles aufzählen).* Und bei uns hier in ... ist es auch nicht viel besser! Sicher, sie schlagen sich nicht tot, aber sie gehen mit bösen Gedanken und scharfen Worten gegeneinander. Trotz deinem Gerede und deinem Adventslicht! Ich blas es dir aus! *(bläst aus, geht zurück; 1. Advent bleibt traurig vorn an der Seite stehen)*

2. Advent: Ich bin das 2. Adventslicht! Ich brenne für Gottvertrauen in dunkler Zeit! Wenn es den Menschen hier zwar äußerlich gut geht, so haben sie doch innerlich manche Ängste, Kummer und Zweifel. Sie besitzen alles, was sie brauchen, aber in ihnen drinnen ist es dunkel und leer. Deswegen will ich Gottvertrauen anzünden. Menschen sollen sagen: »Wenn ich auch Gottes Handeln nicht verstehen kann, will ich ihm doch vertrauen! – Wenn Leid und Kummer mich niederdrücken, will ich Gott trotzdem vertrauen! – Wenn andere mich kränken und verletzen, lässt Gott mich nicht im Stich!« *(hebt die Kerze hoch)* Advent heißt: Gott vertrauen in dunkler Zeit!

2. Gegenwind: *(stößt energisch den 2. Advent zur Seite)* So ein frommes Geschwafel über Gott! Wenn er Liebe wäre, würde er so viel Leid nicht zulassen. – Stimmt's? Gell, jetzt bleibt dir die Spucke weg; weißt keine Antwort mehr! Gott vertrauen? *(schüttelt den Kopf)* Wo is'n Gott? Wenn's dir dreckig geht, merkste nichts von ihm! Und wenn du stirbst, dann bist du mau-se-tot! *(schlägt mit Tuch das Adventslicht aus und stürmt weg – Pause)*

3. Advent: Ich bin das dritte Adventslicht! Ich brenne für Besinnung, Nachdenken, In-sich-gehen. Besonders in der Adventszeit sollen die Menschen sich

besinnen! Nicht nur herumhasten, schaffen, schuften, wühlen. Besser: eine Kerze anzünden, in die Flamme schauen und nachdenken. Worüber? Ganz klar: nachdenken über sich selbst! Wie ist mein Leben? Warum ärgere ich mich so? Wie bin ich zu anderen? Warum halten manche Abstand zu mir? Sieht Gott mich? Wie stehe ich in seinen Augen da? Oh – oh! Ich sollte wohl einiges ändern. Mh! *(Pause, dann Kerze hoch)* Adventszeit ist Zeit für Besinnung – Zeit für Besserung!

3. Gegenwind: *(wehrt ab)* Pfff! Besserung? So eine Lüge! Die Menschen bleiben, wie sie sind! Da ändert sich doch rein gar nichts! Sie machen die Erde weiterhin kaputt; denken nur an ihren Profit: Hauptsache – mir geht's gut! Nach mir die Sintflut! Oder sind hier einige, die Einsicht haben? Ist jemand da, der bereut? *(schaut rundherum ins Publikum)* Keiner! Nicht einer! Siehst du, jetzt weißt du nichts mehr zu sagen. Es ist aus mit dir und deiner Einsicht! *(schlägt Licht mit Tuch aus und geht triumphierend – Pause)*

4. Advent: Ich bin das 4. Adventslicht! Ich leuchte für Hoffnung. Ich geb die Hoffnung nicht auf, dass doch noch Friede auf dieser Welt wird. Friede auf Erden! *(die drei Gegenwinde stürmen laut nach vorne)*

3. Gegenwind: He! He!

4. Advent: *(befiehlt energisch)* Zurück! Zurück! Meine Hoffnung gründet sich ja nicht auf die friedlosen Menschen! Nein! Die schaffen's nicht! Auch mit aller Anstrengung nicht! Meine Hoffnung gründet sich auf – Weihnachten! Weil Jesus Christus geboren ist, kann Friede auf Erden werden. Er ist unser Friede! (*Gegenwinde ziehen sich langsam zurück*). – Weil Gott sich mit uns versöhnt hat,

kann auch Versöhnung zwischen Menschen geschehen! *(zündet 1. Adventslicht an, legt den Arm um seine Schulter und holt es in die Mitte)* Jesus Christus vergibt uns, was wir bereut haben Er vergibt hundertprozentig! Und von seiner Vergebung geben wir weiter an die, welche uns gekränkt haben! *(gibt dem 1. Gegenwind die Hand, winkt dem 2. und 3. Gegenwind zu)* Jesus hatte auch Gottvertrauen bis zu seinem Tod gehabt, obwohl er Unsägliches leiden musste – weit mehr als wir! Darum gibt er uns Gottvertrauen gerade in dunkler Zeit. *(steckt 2. Adventslicht an, holt es bei)* Jesus deckt nicht nur unsere Fehler auf, sondern er kann uns stellenweise ändern. Wunderbar! Dadurch bessern sich manche Situationen um uns herum. Ein Neues beginnt! *(zündet das 3. Adventslicht an und holt es nach vorne – im Hintergrund mit Kassettenrekorder sehr leise Weihnachtsmusik als Untermalung)* So wünschen wir vier Adventslichter euch allen:

Alle vier Advente: Einen frohen Advent.

1. Advent: Voller Frieden und Versöhnung! *(Kerze hoch)*

2. Advent: Mit viel Gottvertrauen, auch wenn's euch schlecht geht! *(Kerze hoch)*

3. Advent: Zeit für Besinnung trotz Arbeit und Stress! *(Kerze hoch)*

4. Advent: Und eine Hoffnung, die nie aufgibt! *(Kerze hoch)*

(Gegenwinde winken im Hintergrund mit den schwarzen Tüchern, Advente vorne mit den Tannenzweigen.)

Alle sieben Mitspieler: Frohen Advent euch allen!

Adventsverheißungen

★ **Requisiten:**
4 überdimensional hohe Kerzen – zunächst ohne »Flammen« – stehen vorne (aus Styropor oder ähnlichem); die »Flammen« sollten leicht an die »Dochte« anzubringen oder in die Kerzen einzustecken sein.

★ **Anzahl der Spieler:** mindestens 12
(Sacharja, Bischof Johannes, Johannes der Täufer, Engel bei den Hirten, Volk, das Jesus zujubelt, Gemeindeglieder von Bischof Johannes, Menschen bei Johannes dem Täufer, Hirten bei den Engeln)

★ **Zielgruppe:** Familiengottesdienst – als Einstieg in die Predigt

★ **Dauer (ohne Lieder):** ca. 10 Minuten

★ **besonderer Hinweis:**
Eine kurze Predigt kann entweder auf jede der vier kurzen Sprecherszenen folgen oder erst am Ende des ganzen Anspiels. Nach jeder Szene wird auf eine Kerze eine Flamme aus Papier mit einer Inschrift darauf aufgesteckt. Jede Kerze steht für den Schwerpunkt eines Adventssonntags.

★ **Inhalt:**
Das Anspiel will in vier Szenen Verheißungen der Bibel aufnehmen und damit auch zeigen, welcher Schwerpunkt auf jedem der vier Adventssonntage liegt.
Es eignet sich am besten für einen Gottesdienst am 1. Advent.

★ Szene 1

Zum 1. Advent: **Sacharja und Einzug von Jesus**

(Sacharja tritt auf, mit Glocke in der Hand – läutet und liest Sach 9, 9, evtl. aus einer Schriftrolle.)

Sacharja: Du, Tochter Zion, freue dich sehr, und du, Tochter Jerusalem, jauchze! Siehe, dein König kommt zu dir, ein Gerechter und ein Helfer, arm und reitet auf einem Esel, auf einem Füllen der Eselin.

(Jesus kommt auf einem Esel; Stoff oder Holz – mit Rädchen unten dran ...)

Volk *(jubelnd):* Seht unser König kommt, macht die Straße frei, macht die Stadttore auf – wie Sacharja es vorhergesagt hat! Hosianna !

Sprecher 1: Als Jesus mit seinen Jüngern nun in die Nähe von Jerusalem kam, nach Betfage an den Ölberg, sandte Jesus zwei Jünger voraus und sprach zu ihnen: Geht hin in das Dorf, das vor euch liegt. Dort werdet ihr eine Eselin angebunden finden und ein Füllen bei ihr; bindet sie los und führt sie zu mir!

Sprecher 2: Die Jünger taten, wie ihnen Jesus befohlen hatte, und brachten die Eselin und legten ihre Kleider darauf, und er setzte sich darauf. Aber eine sehr große Menge breitete ihre Kleider auf den Weg; andere hieben Zweige von den Bäumen und streuten sie auf den Weg. Die Menge aber, die ihm voranging und nachfolgte, schrie:

Mehrere: Hosianna dem Sohn Davids! Gelobt sei, der da kommt in dem Namen des Herrn! Hosianna in der Höhe! Gelobt sei der Messias! Gelobt sei der Retter! Er ist gekommen, sein Volk zu retten.

*(Die Flamme auf 1. Kerze stecken – Aufschrift »**Rettung«**; danach evtl. Kurzpredigt 1 zum Thema: Gott hat versprochen, seinem Volk den Messias, den Retter, zu schicken.)*

Lied: *z.B. Macht die Tore weit*

★ Szene 2

Zum 2. Advent: Bischof Johannes

(Der alte Bischof Johannes – weißes Gewand, einfaches Kreuz auf der Brust – steht vor dem Altar und hebt betend die Hände nach oben. Einige seiner Gemeindeglieder kommen zu ihm.)

Sprecher 2:	Wir schreiben etwa das Jahr 95. Wir sehen Bischof Johannes von Ephesus und einige seiner Gemeindeglieder. Sie haben gerade schwere Zeiten durchzustehen. Die römische Geheimpolizei verfolgt die Christen immer mehr. Auch Bischof Johannes wurde verhaftet und auf die Insel Patmos verbannt. Dort besuchen ihn einige Mitchristen.
Gemeindeglied 1:	Ach Johannes, es ist ja alles so furchtbar. Man verfolgt uns; wir können nicht mehr richtig schlafen.
Gemeindeglied 2:	Ist Jesus überhaupt noch da?
Gemeindeglied 3:	Kommt er wirklich wieder?
Gemeindeglied 4:	Auf der Erde ist so viel Krieg und Leid – was wird nur werden?

Gemeinde-glied 5:	Ach, die Menschen machen sich gegenseitig kaputt! Was soll aus dieser Welt denn noch werden?
Johannes:	Nein, hört her, was mich Jesus schon sehen ließ: Es werden schwere Zeiten kommen – ja, aber am Ende wird alles gut. Denn Jesus kommt wieder. Alle Menschen werden ihn sehen. Er wird kommen in Macht und Herrlichkeit. Und wenn er kommt, dann wird die alte Erde aufhören, und Gott wird eine neue Erde schaffen.
Sprecher:	Und ich sah einen neuen Himmel und eine neue Erde; denn der erste Himmel und die erste Erde sind vergangen, und das Meer ist nicht mehr. Und ich sah die heilige Stadt, das neue Jerusalem, von Gott aus dem Himmel herabkommen, bereitet wie eine geschmückte Braut für ihren Mann. Und ich hörte eine große Stimme von dem Thron her, die sprach: Siehe da, die Hütte Gottes bei den Menschen! Und er wird bei ihnen wohnen, und sie werden sein Volk sein, und er selbst, Gott mit ihnen, wird ihr Gott sein; und Gott wird abwischen alle Tränen von ihren Augen, und der Tod wird nicht mehr sein, noch Leid noch Geschrei noch Schmerz wird mehr sein; denn das Erste ist vergangen. Und der auf dem Thron saß, sprach: Siehe, ich mache alles neu! Und er spricht: Schreibe, denn diese Worte sind wahrhaftig und gewiss! (Offb 21, 1–5)
Johannes:	Das kommt ganz gewiss – Jesus hat es mir gezeigt. Wir warten auf sein Kommen, seinen 2. Advent. Darum habt heute keine Angst. Jesus kommt.

*(Die Flamme auf 2. Kerze stecken – mit der Aufschrift »**Erlösung**«; Kurzpredigt 2 zum Thema: Gott hat versprochen, die Welt zu vollenden und zu erlösen. Daran erinnert der zweite Advent.)*

Lied: *EG 10, 6+8 Das schreib dir in dein Herze*

★ Szene 3

***Zum 3. Advent:* Johannes der Täufer**

(Johannes der Täufer tritt auf – Lederweste, barfuß oder leichte Sandalen, evtl. kurze Hose ...)

Sprecher 1: Johannes der Täufer lebte in der Wüste Juda. Er ernährte sich von Heuschrecken und wildem Honig. Er predigte und rief zur Umkehr. Er taufte Menschen, die zur Buße bereit waren und die mit ihm auf den kommenden Retter warteten.

Sprecher 2: Viele Menschen gingen zu ihm an den Jordan und hörten, was er sagte:

Johannes: Gottes Reich ist nahe herbeigekommen. Gott will jetzt seine Herrschaft bei euch aufrichten. Er will euer Herr sein. Jetzt ist die Zeit der Umkehr. Jetzt ist die Zeit, die Gott zur Buße schenkt. Denn nach mir wird einer kommen – der Retter der Welt, der Messias, der Gesalbte des Herrn. Mit ihm beginnt Heilszeit, neue Zeit. Darum kehrt jetzt um. Jetzt schenkt euch Gott einen neuen Anfang.

(Einige Menschen, die zu Johannes kommen, können eine kurze Szene am Jordan pantomimisch darstellen.)

Sprecher 2: So hörten sie den Aufruf zur Umkehr. Und viele ließen sich taufen und fingen ein neues Leben an.

*(Die Flamme auf die 3. Kerze stecken mit der Aufschrift »**Umkehr**«, Kurzpredigt 3 zum Thema: Gott hat versprochen, dass sein Reich kommt. Johannes hat es als Vorläufer von Jesus angekündigt und zur Buße/Umkehr aufgerufen. Das gehört zum 3. Adventssonntag.)*

Lied oder Instrumentalmusik

★ Szene 4

Zum 4. Advent: **Engel bei den Hirten**

Sprecher 1:	Weihnachten hat mit Freude zu tun. Ein Engel hat Maria angekündigt, dass Jesus geboren werden wird; Maria war zuerst sehr erstaunt darüber. Dann aber hat sie sich gefreut. Als Jesus geboren wurde, waren die Hirten auf den Feldern bei Bethlehem die ersten, die davon hörten. Viele Engel kamen zu ihnen – und ein Engel sagte:
Engel:	Fürchtet euch nicht, siehe ich verkündige euch große Freude, die allem Volk widerfahren wird; denn euch ist heute der Heiland geboren.
Hirte 1:	Ein Heiland – ?
Hirte 2:	– heute geboren?
Hirte 1:	Was soll das? Ich seh da ein Problem.
Hirte 2:	Ich hab Angst.
Hirte 3:	Nein! Was hat der Engel gesagt? Ich verkünde euch große Freude! Nicht große Probleme. Nicht eine große Angst.
Hirte 1:	Wer soll das begreifen?
Hirte 2:	Wer kann das verstehen?
Hirte 3:	Wir sollen kommen und das Kind sehen. Kommt, geht mit! *(gehen)*
Sprecher 2:	Und dann gingen die Hirten zum Kind, und als sie es sahen, da wurden sie von einer großen Freude gepackt.

*(Die Flamme auf die 4. Kerze stecken mit der Aufschrift »**Freude**«; Kurzpredigt 4 zum Thema: Gott hat uns diese Freude versprochen – nicht Angst und Probleme.)*

Lied: *z. B. EG 2 Kanon: Er ist die rechte Freudensonn ...*

Der Adventsbote

★ **Anzahl der Spieler:** 11

★ **Zielgruppe:** Erwachsene

★ **Dauer:** ca. 25 Minuten

★ **Inhalt:**
Der Adventsbote will den Menschen ein Licht bringen und wird überall abgewiesen, erst am Schluss wird er eingeladen und verändert dort das Leben der Person. Die Personen stehen jeweils für Eigenschaften von uns Menschen.

★ **Besonderer Hinweis:**
Es genügt eine Tür (z. B. aus Pappe) und Klingel, die von den jeweiligen Bewohnern benutzt wird. Der Adventsbote geht jeweils einmal im Kreis, um zu dem nächsten Bewohner zu kommen.

Sprecher: Er trug ein Licht in seiner Hand, als er in unsere Straße kam. Nicht auffällig, aber bedeutend war seine Erscheinung. Menschen suchte er, die sein Licht aufnehmen wollten. Und das war im Advent.

Vor einem Türschild bleibt er stehen.

Er: »Selbstruhm« steht da auf dem Schild. – Ob er mich wohl einlässt?

Sprecher: Er klingelt. Ein fein angezogener Herr öffnet.

Selbstruhm: Was möchten Sie bitte?

Er: Ich bringe ein Licht allen, die ...

Selbstruhm: Ach nein, nein danke – wirklich, das brauche ich nicht. Ich brauche keine Geschenke. Ich habe mir alles selbst erarbeitet, mir hat auch keiner geholfen. Sehen Sie, was ich alles geleistet habe. Ich habe alle Lampen in mein Haus geholt. Sie frieren, mein Herr? Nun ja, es ist nicht warm bei mir, aber man sieht in meinem Licht doch, was ich alles geschafft habe! Vielleicht werden Sie ihr Lichtchen noch woanders los, bei mir ist's ja hell genug für mich. Vielleicht bei dem da drüben. Versuchen Sie es doch, der hat es bestimmt nötig! ...

Er: Der ließ mich ja kaum zu Wort kommen. Ach, der Glanz, den er sich geschaffen hat, auf dem er sich selbstherrlich ausruht! Mich friert dabei! Zu seinem Nachbarn soll ich gehen? Was steht denn hier auf dem Schildchen? »Schein«, der Name klingt gut! Na, vielleicht ist der offener und wärmer.

Sprecher: Er klingelt. Man hört »Schein« innen rufen: »Ach du liebe Zeit, und gerade jetzt! Ulrike, nimm schnell die schmutzigen Strümpfe vom Tisch und stell die Blumenvase auf den Flecken am Tischtuch.«

Sprecher: Schritte nähern sich der Tür, Herr Schein öffnet.

Schein: Ach, guten Tag. Herzlich willkommen. Nein, ist das nett, dass Sie mich besuchen. Wie ich mich freue! – Und gerade jetzt in dieser Zeit. Kommen Sie doch herein. Ulrike, hol schnell eine Flasche Wein. Was trinken Sie lieber, roten oder weißen? Nein, nein, wir machen uns keine Umstände, bei solch einem netten Gast! Aber,

	Ihr Licht können Sie hier draußen stehen lassen. Ich liebe nicht diese Helligkeit. Man sieht sonst so viel ...
Sprecher:	Der Gast an der Tür schüttelt bedächtig den Kopf.
Er:	Mir liegt aber gerade daran, Ihnen das Licht zu bringen, darum bin ich gekommen!
Schein:	Wieso? (*erschrocken*) Kennen Sie mich?
Er:	Das Licht macht es möglich, Sie genau zu erkennen.
Schein:	... ach nein, ... nein danke.
Sprecher:	Abwehrend zieht Herr Schein sich zurück.
Schein:	Dann gehen Sie lieber zu meiner Nachbarin.
Sprecher:	Mit Nachdruck wird die Tür wieder geschlossen und leise Stimmen verlieren sich in der Wohnung.
Schein:	Das hätte mir noch gefehlt. Und so etwas in dieser schönen Zeit!
Er:	Die Tür ist zu. Solange man ihm nicht hinter die Maske sieht, ist er ja ganz nett. Nun, dann will ich mal hier klingeln. Wie heißt die Dame? Frau »Richtig«? Hm, auch ein guter Name. Sie lässt mich bestimmt herein.
Sprecher:	Er klingelt. Die Tür wird rasch und energisch geöffnet.
Richtig:	Guten Tag, was möchten Sie?
Er:	Ich möchte das Licht bringen.

Richtig: Licht? Wozu? Bei mir ist es hell! Da müssen sie schon zu den andern gehen! Wissen Sie, der Herr von nebenan ...

Er: Nein, zu Ihnen wollte ich ...!

Richtig: Aber wissen Sie, die Frau gegenüber ..., die braucht bestimmt Licht ...!

Er: Nein, gerade zu Ihnen möchte ich kommen!

Richtig: Was wollen Sie eigentlich von mir? Wissen sie nicht, wer ich bin? Ich tue so viel für das Licht, da können andere auch noch davon lernen ... Und außerdem … wie kommen Sie mir eigentlich vor? Und wie kommen Sie eigentlich an, in diesem Aufzug!? Hausierer wohl? ... Was? Und das in dieser Zeit? Und mir wollen Sie Licht bringen? Ttt- Ttt- Ttt

Sprecher: Und damit fällt die Tür zu. Der Gast mit dem Licht bleibt draußen.

Er: Schade.

Sprecher: Er geht zur nächsten Tür. »Misstrauen«!

Er: Misstrauen.

Sprecher: Leise ertönt eine Klingel. Man hört schlurfende Schritte. Jemand sieht durch das Guckloch an der Tür. Alles bleibt still.

Er: Aber es ist doch jemand da! Ich glaube ich muss noch einmal klingeln.

Sprecher: Jetzt öffnet sich die Türe, langsam, vorsichtig, einen Spalt breit, gerade so weit, wie es die Sperrkette zulässt. Ein ängstliches Gesicht sieht ihn mit großen Augen an.

Misstrauen: Was wollen Sie? – Geld bekommen sie nicht! Ich kann nichts geben, hab selbst nichts!

Er: Ach nein, im Gegenteil! Ich will Ihnen etwas bringen!

Misstrauen: Das Licht? Das ist aber nett. Ein Licht in meine Wohnung!

Sprecher: Schon streckt sich eine Hand aus – aber schnell zieht sie sich wieder zurück.

Misstrauen: ... äh ... aber da ist doch etwas faul dran! Heutzutage verschenkt doch keiner etwas. Was verlangen Sie dafür? Was erwarten Sie von mir?

Er: Nichts, nur die ungeteilte Liebe zu dem Licht. Dann wird es bei Ihnen hell!

Misstrauen: Hm – ja – schön wär's! Aber was ist, wenn das doch mal ausgeht? Das ist mir alles ein zu großes Wagnis. – Nein – nein, ich möchte mich nicht darauf einlassen. Nein danke. Es war ja ganz nett gemeint.

Sprecher: Die Tür geht zu, der Schlüssel dreht sich im Schloss. Hier ist nichts zu machen. – Im nächsten Stockwerk geht es lauter zu. Es dröhnt schon bis auf die Straße. Laute Musik. Ist es ein Kassettenrekorder oder ein Radio? »Unruh« steht auf dem Türschild. Mehrmals hat er jetzt schon geklingelt und geklopft, aber es gibt keine Reaktion. Verständlich, denn da drinnen kann man ja sein eigenes Wort nicht verstehen, geschweige denn die Klingel hören. Jetzt wird auch noch der Staubsauger eingeschaltet. Doch halt – da wird die Musik leiser, auch der Staubsauger ist abgestellt.

Er: Ich versuche es noch einmal.

Sprecher: Er drückt auf den Klingelknopf. Aber nein, nun ertönt hinter der Tür lautes Poltern, Schreien, ein Klopfen, Scharren. Noch einmal klopft er, aber es hilft nichts, die Musik wird wieder eingeschaltet.

Er: Es war zu laut, man hat mich nicht gehört, und dabei wollte ich denen nur etwas bringen. Aber, wer etwas von mir möchte, der muss mich auch hören wollen ... und mal still sein können!

Sprecher: Traurig wendet er sich ab von der Tür und geht.

Er: »Geschäftig« steht hier auf dem Türschild.

Sprecher: Er klingelt, aber da scheint niemand zu Hause zu sein. Gerade will er weitergehen, da sieht er eine Frau die Treppe herauf keuchen. Sie schleppt schwere Einkaufstaschen. Die arme Frau! Er springt dazu und will ihr tragen helfen. Aber nein, sie wehrt ihn energisch ab.

Geschäftig: Nein – nein danke, ich mache das selbst! Wollten Sie zu mir? Ausgerechnet jetzt? Sie sehen doch, ich habe zu tun! Man weiß ja nicht, wo einem der Kopf steht! – Nein – morgen – oder – ach nein – nächste – oder doch lieber nächstes Jahr! Vielleicht können wir dann einen Termin abmachen. Irgendwie quetsch ich das noch rein. Wissen Sie – diese Termine!!! Da ist der Kirchenchor und der Helferkreis, da muss ich unbedingt dabei sein, und – hm, verstehen Sie, was sollen die andern sagen, wenn ich nicht überall mit dabei bin und mich sehen lasse. Da hab ich für so einen Besuch wirklich keine Zeit! Entschuldigen Sie, es kommt schon mal eine Zeit, wenn ich älter bin und das nicht mehr so kann.

Sprecher: Damit schließt sie eilig ihre Wohnungstür auf. Keuchend und schnaufend zieht sie ihre Taschen hinein und schließt die Tür zu.

Er: Ach ja, wenn man vor lauter Geschäftigkeit und Terminen keine Zeit mehr findet für das Licht! Da wird man vor lauter Hetze ganz blind.

Sprecher: Seufzend wendet sich der Besucher ab und geht weiter. An der nächsten Wohnungstür ist es ganz still. Drinnen scheint es auch dunkel zu sein. Ist überhaupt jemand zu Hause? »Klage« liest er an der Wohnungstür. Er klingelt. Ein leises Rascheln ist zu hören. Also ist doch wohl jemand da. Richtig, eine klägliche Stimme fragt:

Klage: Wer ist da?

Sprecher: Die Tür öffnet sich ein wenig, aber drinnen ist es dunkel.

Er: Ich möchte zu Ihnen hereinkommen. Ich bringe Ihnen das Licht und möchte es bei Ihnen hell machen.

Klage: Hell machen? – Ach, mir kann doch keiner helfen. Und hell wird es bei mir sowieso nicht. – Ich habe schon irgendwo so ein Licht. Muss mal suchen! Ja, vor langer Zeit kam es zu mir – aber inzwischen – ja, ich weiß gar nicht, wo das geblieben ist. In irgendeiner Ecke wird es schon stehen. Ja, ja, es hat damals ganz schön geleuchtet, aber das ist eben lange her. Bei mir wird es doch nicht mehr hell. Da bleibt es eben dunkel. Wenn Sie wüssten, wie schwer ich es habe! Ich habe ja sooo viel durchgemacht. Aber mich versteht ja doch keiner, und Sie können mich auch nicht verstehen! Immer hocke ich hier. Was soll ich auch draußen? Aber keiner besucht mich. Alle denken nur an sich!

Er: Aber ich bin doch heute zu Ihnen gekommen, um es bei Ihnen hell zu machen!

Klage: Ja, aber Sie kenne ich doch gar nicht!

Er: Sie haben das Licht und kennen mich nicht? Suchen Sie es! Holen Sie es vor und stellen Sie es in die Mitte ihres Raumes. Wenn Sie es anschauen, betrachten und lieben, wird es hell. – Und dann können Sie auch den andern neben sich sehen. Sie sind dann nicht allein und die anderen brauchen auch Sie.

Klage: Ach, die andern. Ja, wissen Sie, wenn ich das könnte, was die andern können, dann wäre ja auch alles ganz anders, – dann, ja dann ...

Er: Es ist dunkel bei Ihnen, darum stoßen Sie sich auch ständig und das ärgert sie. Holen Sie das Licht, dann erkennen Sie die Farben an sich und erkennen, wie Gott Sie geschaffen hat. Dann wird es wieder warm um Sie. Und diese Wärme und das Licht dürfen sie weitertragen, damit es überall hell wird.

Klage: Na ja, – ich will es versuchen!

Sprecher: Damit zieht sie die Tür zu. Er hört draußen nur noch wie sie drinnen kläglich jammert:

Klage: ... und wer kümmert sich um mich?

Sprecher: Aber wer kommt da die Treppe herauf? Ein Herr ist es. Er schleppt zwei schwere Koffer. Der Mann springt hilfreich zu.

Er: Sie kommen wohl von einer Reise? Kann ich Ihnen behilflich sein?

Gelehrig: Ich nein, danke, das mache ich schon allein. Sie wollen zu mir? – Mit einem Licht? Das ist ja interessant! Dann kommen Sie mal rein. Ich hänge nur mal meinen Mantel auf. ... soll ich Ihren auch ...? Ach, Sie haben keinen? Wie interessant! Sind Sie auch ein Guru? Wissen Sie, ich kenne mich da aus. Ich komme gerade aus Indien. Man muss ja alles mal kennen lernen, sonst kann man nicht mitreden.

Er: Ich wollte Ihnen gerne das Licht bringen.

Gelehrig: Sie meinen e i n Licht. Es gibt ja doch sooo viele!

Er: Es gibt aber nur eines, das wirklich Leben schenkt.

Gelehrig: Ach ja, jeder muss sich sein Licht suchen. Die Menschen sind doch so verschieden! Wissen Sie – in Indien – die akzeptieren ja alle Lichter – und das ist das Faszinierende ...

Er: Ich bringe das Licht, das uns mit Gott verbindet.

Gelehrig: Ja, das will der Islam auch. Die Menschen sind doch nicht schlecht und meinen es sehr ernst. Sie scheinen noch recht wenig darüber zu wissen. Soll ich mal meinen Koffer auspacken?

Er: Ach nein, Ich wollte Ihnen nur dieses Licht bringen. Aber es muss ganz allein geliebt werden. Nur dann kann es wirklich hell machen.

Sprecher: Er steht auf und wendet sich zum Gehen. Ein Blick auf das Türschild sagt ihm, es war Herr »Gelehrig«, den er soeben gesprochen hat. Da hört er ihn noch hinter sich her rufen:

Gelehrig: ... aber, so kann man das doch nicht sehen! Schon die Philosophen sagen ...

Sprecher: Was die sagen, das hört er nicht mehr. Die Tür ist schon ins Schloss gefallen.
Nun ist er schon überall gewesen, aber immer noch hält er das Licht in der Hand. Niemand war bereit, es ihm abzunehmen, – niemand war bereit, zu hören. Aber da unten – ganz im Keller – da wohnt noch jemand. Das Türschildchen ist nur mühsam zu entziffern. »Sehnsucht«. Er klopft, aber das wäre kaum nötig gewesen, denn die Tür ist angelehnt. Wurde er am Ende schon erwartet? Hat man sein Kommen schon gehört? Wer mag hier wohnen?

Er: Kann ich hereinkommen?

Sehnsucht: Ach, das wäre schön! Aber bei mir wird es Ihnen nicht gefallen. Es ist dunkel und schmutzig, und ich werde nicht Herr darüber!

Er: Da komme ich ja gerade zurecht. Ich bringe Ihnen das Licht. Möchten Sie, dass wir zusammen aufräumen?

Sprecher: Die Wohnungstür schließt sich hinter dem Gast. Was dahinter nun geschieht in dieser Zeit, das erfährt keiner. Aber nach einer Weile öffnet sie sich wieder, und ein heller Lichtschein fällt von drinnen ins dunkle Treppenhaus. Beim Verabschieden hört man eine Stimme:

Sehnsucht: ... und das Licht darf ich immer behalten? Es zeigt mir ja jetzt immer gleich den Schmutz, damit ich ihn sofort an den richtigen Ort schaffe. – Ich werde dies Licht über alles lieben, es leuchten lassen und weitertragen. – Und meinen Namen darf ich ja nun auch ändern?

Sprecher: Von diesem Tage an klebte über dem Namen »Sehnsucht« das Schildchen, das die Aufschrift »Hoffnung« trug.

Er zog weiter, um Menschen zu suchen, die sein Licht aufnahmen. Er stand vor den Türen und klopfte an. Wer ihn hörte und ihm glaubte, zu dem kehrte er ein. Und wer in seinem Licht wohnte, ihn aufnahm, der wurde sein Eigen und er blieb bei ihm.

Es wird gesagt, er käme heute in unsere Straße, um anzuklopfen. Was wirst du tun?

Unwillkommener Advent

★ **Anzahl der Spieler:** 9
(Advent, 2 Frauen, 1 Jugendlicher, 1 Geschäftsmann, eine 4-köpfige Familie)

★ **Zielgruppe:** Erwachsene

★ **Dauer:** ca. 25 Minuten

★ **Requisiten:**
jeweilige Verkleidung: für esoterisch orientierte Frau – Esoterik-Bücher oder Zeitschriften; für Geschäftsmann – Aktenkoffer und Terminkalender und Handy; für Jugendlichen – Walkman und Pizza; für moderne Frau – Sporttasche; für Familie – evtl. Zuckerwatte, Waffeln o.ä.; Weihnachtsmarkt-Zubehör; für den Advent großes Geschenk – schön verpackt

★ **Inhalt:**
Der Advent – möglichst weiß oder hell gekleidet, evtl. in einem langen Gewand, bescheiden im Auftreten – ist unterwegs und will den Menschen etwas schenken, aber alle sind so sehr mit sich und ihren Tätigkeiten beschäftigt, dass sie das Geschenk nicht annehmen wollen oder können.

★ Szene 1

(Advent stellt sich vor)

Advent: *(stellt sich vor das Publikum)* Darf ich mich vorstellen? Ich bin der Advent, ich bringe den Menschen das, was sie am meisten brauchen. Für jeden habe ich das Richtige, das, was jeder gerade nötig hat: für den einen Lebenssinn und Wahrheit, für den anderen Gemeinschaft, einer braucht Ruhe und Entspannung, ein anderer Befreiung aus dem Egoismus, wieder andere brauchen Zeit füreinander. Das alles möchte ich verschenken – ob die Menschen mein Geschenk annehmen werden?

(tritt in den Hintergrund zurück)

★ Szene 2

(Frau auf der Suche nach Sinn und Wahrheit)

1. Frau: *(trägt einen Stapel esoterischer Zeitschriften und Bücher unter dem Arm, setzt sich hin und fängt an wahllos in den einzelnen Büchern und Zeitschriften herumzublättern – seufzt:)*
Ach, ich fühle mich so ausgelaugt und kraftlos. Und gerade jetzt im Advent finde ich es besonders schlimm, was die Menschen für eine Hektik um sich verbreiten. Ich denke, die wahren Werte liegen im Verborgenen, das wissen nur die wenigsten. – *(blättert weiter in ihren Büchern und Zeitschriften)* Aber wenn ich doch nur wüsste, wo ich anfangen soll mit Entspannen. Wenn ich nur wüsste, was jetzt eigentlich richtig ist. Meine Freundin macht gerade Reiki-Tiefenentspannung, aber mein Masseur hat gesagt, Tantra-Meditation sei besser. Doch hier steht, dass die eigentlichen Lebenskräfte aus den Pyramiden kommen und dass man sich nur dort so richtig regenerieren kann. Hmm. Die nächste Pyramide steht in ..., das ist für mich ein weiter Weg. Da ist meine Entspannung auf dem Rückweg bei der

langen Autofahrt schon wieder futsch.
Aber – ich hab's, genau, gleich im Nachbarort gibt es eine reinkarnationstherapeutische Praxis. Das wäre gut, nur ein bisschen teuer ist das, sehe ich gerade. Da kostet eine Stunde 250,– DM.

(Advent tritt langsam aus dem Hintergrund – berührt die Frau vorsichtig von hinten:)

Advent: Guten Morgen, darf ich mich zu Ihnen setzen?

1. Frau: *(erstaunt)* – Wer sind Sie denn? Sie sehen aus wie ein Astralkörper. *(aufgeregt)* Haben Sie schon mal eine Astralreise gemacht oder sind Sie gar ein Lichtwesen aus dem Universum?

Advent: Nein, ich bin der Advent und ich bringe Ihnen eine Antwort auf Ihre Fragen.

1. Frau: Wie können Sie denn eine Antwort auf meine Fragen haben?
Selbst in diesen ganzen vielen Büchern und Broschüren sagt doch jeder was anderes, und die müssten es doch eigentlich wissen.

Advent: Ich bin der Bote der Wahrheit und ich bringe Ihnen Erfüllung und Sinn Ihres Lebens, hier nehmen Sie, ich schenke Ihnen das. Es ist umsonst zu haben. *(reicht ihr das große Geschenkpaket hin)*

1. Frau: Und was ist dann mit meiner Bachblüten-Therapie, die brauch ich ja dann gar nicht mehr.

Advent: Genau. Das alles können Sie dann getrost zur Seite legen.

1. Frau: Wahrheit, sagen Sie? Schön wär's, ja. Aber ich denke, das ist zu schön um wahr zu sein. Ich glaube Ihnen nicht, ich denke, ich bleib bei

meinen esoterischen Büchern und Kursen, das ist interessant, auch wenn es manchmal ein Durcheinander ist.

(Advent geht leise fort – Licht aus.)

★ Szene 3

(Jugendlicher mit Pizza und Walkman)

(Laute Rockmusik einblenden; Jugendlicher kommt mit rhythmischen Bewegungen und Walkman-Kopfhörern herein, singt den Text der Lieder evtl. laut mit.)

(Advent tritt ins Bild und will die Aufmerksamkeit des Jugendlichen auf sich ziehen, dieser bemerkt ihn lange Zeit nicht, bis der Advent ihn am Arm fasst und ihn laut anruft.)

Advent: *(laut)* Hallo du, hörst du mich?

Jugendlicher: *(schreit)* Wie bitte?

Advent: *(ruft)* Ich hab was für dich.

Jugendlicher: *(schreit)* Was ist das?

Advent: *(ruft)* Etwas, das du vielleicht noch gar nicht kennst, etwas Besonderes, etwas Neues.

Jugendlicher: *(schreit)* Ist da etwa der ultimative emotionale Kick drin? Den such ich nämlich schon 'ne ganze Weile. So was Megastarkes?

Advent: *(ruft)* Nun wie man's nimmt. In gewisser Weise schon. Es ist aber sicher anders, als du dir das vorstellst. Es ist so ein Kick fürs ganze Leben, nicht nur für die »Emotions«.

Jugendlicher: *(schreit)* Was meinst du denn damit?

Advent: *(ruft)* Na ja, es holt dich ein bisschen raus aus deiner Nische und bringt dich auch mit anderen Leuten zusammen – und auch mit Gott.

Jugendlicher: *(schreit)* Also Gott brauch ich nicht. – Was ich brauch, ist meine Musik und mein Essen, und abends Kino oder Fernsehen, oder ich geh im Internet surfen, das ist Abenteuer pur. Was brauch ich mehr? Na ja, den megaoberstarken Kick hätt ich schon gern, aber den hast du da bestimmt nicht drin.

Advent: *(ruft)* Wie wär's mit ein paar neuen interessanten Freunden?

Jugendlicher: *(schreit)* Im Internet hab ich genug Freunde, das ist genau die richtige Dosis an Nähe. Und außerdem kann ich da immer abschalten, wenn's mir nicht mehr passt.

Advent: *(ruft)* Hier ist aber etwas Besseres drin, vielleicht ist es sehr ungewohnt, aber bestimmt besser.

Jugendlicher: *(schreit)* Lass mich in Ruhe.

Advent: *(ruft)* Schade, ich hätte dich gerne mitgenommen.

(Advent und Jugendlicher gehen in zwei verschiedene Richtungen fort.)

★ Szene 4

(eiliger Geschäftsmann)

(Eiliger Geschäftsmann mit Blick auf die Uhr hetzt durch den Raum, sein Handy klingelt, er nimmt ab.)

Geschäftsmann: Ja, was? Ehrlich? Nein, jetzt nicht, aber vielleicht morgen? Wieso zu spät?
Ach du Schreck, ja – gut, dann muss ich einen Termin verschieben, – *(öffnet seine Aktentasche, holt einen großen A-4-Terminplaner aus dem Koffer, blättert nervös drin herum)*
Also wie wär's, heute Abend um 20.30 Uhr – geht, nein? Dann 21.00 Uhr? – Auch noch zu früh, also 22.00 Uhr? Gut, abgemacht. *(legt auf – seufzt)* Da muss ich jetzt Monika absagen, schade, aber das Geschäft geht vor. So ist das nun mal in unserer Welt, von einem Termin zum anderen wird man gehetzt, aber was will man machen.

(Nimmt erneut sein Handy – will anfangen zu wählen: Da tritt der Advent neben ihn und legt seine Hand auf das Handy.)

Advent: Stop, warten Sie mal, machen Sie mal Pause. So können Sie doch nicht weitermachen. Überlegen Sie doch mal.

Geschäftsmann: Entschuldigung, zum Überlegen habe ich keine Zeit. Schön wär's, aber wer kann sich das heute noch leisten.

Advent: Doch, Sie können es sich leisten. Hier. *(reicht ihm das Geschenk)* Ich hab was für Sie.

Geschäftsmann: Was ist denn das? Eine neue Werbestrategie oder was? Darauf falle ich nicht rein, mit mir nicht, mein Freund! Gegen so was bin ich gewappnet.

Advent: Warum sind Sie nur so misstrauisch? Sie bekommen das umsonst.

Geschäftsmann: Heutzutage gibt es nichts umsonst, alles muss man kaufen, selbst Zeit ist Geld. Also bitte, lassen Sie mich in Ruhe. Ich muss dringend telefonieren und ich habe überhaupt keine Zeit.

Advent: Aber doch, hier ist sie doch drin, die Zeit, die Sie brauchen.

Geschäftsmann: *(verärgert)* Spinner, lassen Sie mich doch endlich in Ruhe. *(hetzt fort)*

★ Szene 5

(*Frau auf dem Weg ins Fitness-Studio*)

(Frau mit Sporttasche und in sportlicher Kleidung joggt ins Bild – bleibt stehen, macht ein paar Dehnungsübungen oder Aerobic-Bewegungen.)

2. Frau: Ha, heute muss ich mal wieder mindestens ein Kilo abarbeiten. *(nimmt einen Stundenplan aus der Tasche)* Also heute mache ich zuerst 1 Stunde Step-Aerobic, dann eine ¾ Stunde Wirbelsäulengymnastik, und dann noch eine ¾ Stunde Spinning. Zum Geräte-Training reicht es mir heute wohl nicht mehr (*schaut auf die Uhr)*, denn heute Abend kommt noch meine Kosmetikerin zu mir. Aber in die Sauna schaffe ich es noch vorher. Ha, meine Geschäftskolleginnen, die schauen schon immer ganz neidisch auf meine Figur, *(streicht sich über die Schenkel)* die können da halt nicht mithalten. Na ja, Schönheit hat eben ihren Preis, aber was tut man nicht alles für ein gutes Image. Oder etwa nicht?

(Advent stellt sich neben sie, macht ihre Bewegungen ein bisschen nach.)

Advent: Hallo, darf ich Ihnen etwas schenken?

2. Frau:	Kommt drauf an, was es ist? Macht es eine gute Figur?
Advent:	Nicht unbedingt, aber ein gutes Herz.
2. Frau:	Zu was brauche ich ein gutes Herz? Ein gutes Image ist mir wichtiger.
Advent:	Aber das macht nicht glücklich.
2. Frau:	Wieso nicht? Sehe ich etwa unglücklich aus?
Advent:	Nein, aber ichbezogen.
2. Frau:	Ichbezogen, na und? Ich bin doch wichtig, was kann es Wichtigeres geben?
Advent:	Liebe zum Beispiel.
2. Frau:	Wenn ich gut aussehe, werde ich doch geliebt.
Advent:	Höchstens bewundert, aber nicht wirklich geliebt. Und außerdem: Liebe verschenken ist viel wichtiger als gut ankommen. – Hier *(reicht ihr das Geschenk)* ist eine große Portion Liebe drin zum Verschenken. Bitte, ganz umsonst.
2. Frau:	Nein danke, ich möchte das nicht, dann habe ich vielleicht nicht mehr so viel Zeit, mich um mein Aussehen zu kümmern. Und – ach du Schreck, jetzt verpasse ich womöglich noch den Step-Aerobic-Kurs, so ein Mist. *(joggt fort)*

★ SZENE 6

(Familie beim Weihnachtseinkauf)

(Familie beim Weihnachtseinkauf, Vater, Mutter und ein paar quengelige Kinder betreten den Raum.)

Mutter: Jetzt, beeilt euch doch mal ein bisschen, wir haben erst die Hälfte der Geschenke, die wir brauchen.

Vater: Müssen wir denn jedes Jahr für so viele Leute was kaufen? Ist das nicht alles ein bisschen übertrieben?

Julia: Mami, ich will Zuckerwatte.

Mutter: Da, kauf dir Zuckerwatte, dann haben wir unsre Ruhe.

Carmen: Ich will eine Waffel haben mit Zimt und Zucker.

Vater: Ruhe jetzt, ich rede gerade mit deiner Mutter.

Carmen: Aber Julia hat doch auch Geld bekommen. Das ist ungerecht.

Vater: Ich finde diesen ganzen Rummel ehrlich gesagt beschissen. Jedes Jahr dasselbe Theater, nur Stress, Stress, Stress, du musst Großputz machen und Geschenke einpacken, jede Menge Plätzchen backen ...

Mutter: *(unterbricht ihn)* Ja, was denken denn meine Freundinnen, wenn ich weniger backe als sie – und sauber muss es doch auch sein, wenn deine Eltern an Weihnachten kommen. Du weißt doch, was deine Mutter immer für ein Gesicht macht, wenn sie irgendwo Dreck sieht.

Vater: *(wütend)* Lass gefälligst meine Mutter aus dem Spiel!

Carmen: *(quengelt)* Bekomm ich jetzt eine Waffel?

Mutter: *(zum Vater)* Nun gib ihr doch schon etwas Geld, das ist ja nicht auszuhalten hier ...

Advent: *(tritt zwischen die streitenden Eltern)* Darf ich Sie mal unterbrechen?

Vater: Wer sind Sie denn? Ist das nicht ein bisschen unverschämt, sich hier einfach in unser Gespräch einzumischen? Das hier ist reine Privatsache.

Advent: Ja genau, eben deswegen will ich Sie ja unterbrechen, damit Sie endlich mal wieder richtig miteinander ins Gespräch kommen können und wieder richtig Zeit füreinander haben.

Mutter: Wer sind Sie überhaupt?

Advent: Ich bin der Advent und ich will Ihnen etwas schenken.

Vater *(stöhnt)* Noch mehr Geschenke. Das müssen wir dann ja auch noch heimtragen.

Advent: Sie wissen ja noch gar nicht, was da drin ist. Wenn Sie es wüssten, würden Sie bestimmt nicht so stöhnen. Wenn Sie es mit heimnehmen, könnten Sie diese Zeit im Advent vielleicht zum ersten Mal so richtig miteinander genießen.

Mutter: Das scheint mir reine Illusion, mein Herr. Das wäre zu schön, um wahr zu sein. – Kommt, Kinder, wir müssen schnell weiter, bevor uns vielleicht noch so ein Verrückter aufhält.

(gehen alle miteinander weg)

(Advent steht mit seinem Geschenk da, wendet sich an die Zuschauer – hält das Geschenk hoch.)

Advent: Nun wollte niemand mein Geschenk und doch wäre für jeden genau das Richtige drin gewesen. Schade, dass die Menschen nichts mehr geschenkt haben wollen. Oder ist hier vielleicht jemand, der es haben will?

(hält sein Geschenk fragend den Zuschauern hin)

Warten auf den 24.

★ **Anzahl der Spieler:** 7
(Vater, Mutter, Kind, Dame, Geschäftsmann, Penner, weitere Frau)

★ **Zielgruppe:** Erwachsene

★ **Dauer:** ca. 10 Minuten

★ **Requisiten:**
Wartezimmer, eine Tür, an der ein Schild hängt mit der Aufschrift: 24. Dezember

★ **Inhalt:**
Menschen warten im Wartezimmer auf den 24. Dezember und verpassen dabei die geöffnete Tür, weil sie zu sehr mit sich selbst oder miteinander beschäftigt sind – bis auf den Penner, der von den anderen unbemerkt eintritt.

(Vater, Mutter und Kind kommen hektisch herein. Unruhe!)

Vater: Wenn du dich nicht zusammenreißt, dann kracht's! *(Kind heult.)*

Mutter: Sei doch nicht so streng mit ihm!

Vater: Du musst wohl immer das letzte Wort haben?! *(Beide wechseln giftige Blicke, alle setzen sich hin; Kind spielt mit den Spielsachen aus einer Kiste; Uneinigkeit; Ungeduld.)*

(Eine ältere Dame betritt nun das Wartezimmer; ein eiliger Geschäftsmann drängt sich an ihr vorbei.)

Geschäftsmann (G): Entschuldigen Sie bitte, meine Zeit ist knapp bemessen.

Dame (D): *(schaut ihn verdutzt an)* Flegel!!

(Beide setzen sich zunächst hin. Ein Penner schwankt leicht angetrunken herein. Die Dame zieht aufgeregt ein Taschentuch aus ihrem Täschchen. Die Tasche stellt sie auf den Stuhl neben sich, um den Platz zu besetzen.)

Penner (P): Na, da bin ich ja ausnahmsweise mal rechtzeitig, es ist sogar noch ein Sitzplatz für mich frei.

(Er schwankt zum Stuhl neben der Tasche der Dame und lässt sich prustend drauf nieder; die Dame fächelt sich mit ihrem Taschentuch Luft zu.)

D: Unerhört!!!

PAUSE

Vater: Jedes Jahr der gleiche Stress vor dem 24sten. Jetzt hab ich schon extra eine Woche vorher Urlaub genommen und man wird trotzdem nicht fertig.

Mutter: Abgesehen davon bist du dieses Jahr besonders gereizt und ungerecht.

Vater: Das ist ja auch kein Wunder. Dauernd quengelt das Kind herum und will irgendetwas haben, als ob der Wunschzettel nicht schon lang genug wäre. Irgendwann möchte man ja auch einmal an sich denken.

Mutter: Was heißt hier irgendwann?! Du musst doch das ganze Jahr an nicht anderes denken, als an dich. Von Früh bis Spät bist du bei der Arbeit und an wem hängt der ganze Haushalt und die Kinder?

D: Da haben Sie vollkommen Recht, junge Frau! Die Männer wissen ja gar nicht, was wir Frauen zu Hause alles leisten müssen. Sehen Sie mich zum Beispiel. Ich hatte den Haushalt und zwei Kinder und dann hatten wir auch noch ein eigenes Geschäft. Da gab es überhaupt keinen Feierabend, kaum Zeit für Ehe und Familie und an Wochenenden und Feiertage erst gar nicht zu denken. Ich habe mich aufgeopfert, alles nur für meine Kinder. Der einzige Tag, der ganz meinen Lieben gehörte, war der Heilige Abend. Ach, wie haben wir es uns immer gemütlich gemacht. Die Kinder haben Gedichte aufgesagt und gesungen. Natürlich gab es meistens auch kleine Meinungsverschiedenheiten, aber das gehörte ja dazu. Tja, und heute, wo ich nun ganz alleine bin, ist der Heilige Abend nur noch ein trauriger Tag für mich. Alle warten mit Vorfreude darauf, aber ich kann mich nicht mehr freuen. Nun sitze ich hier und warte, dass ich es möglichst schnell hinter mich bringe. *(Wischt sich ein paar Tränen ab.)*

(Währenddessen ist noch eine weitere Frau dazugekommen und hat Platz genommen. Der Geschäftsmann läuft unruhig hin und her und schaut dauernd auf seine Uhr.)

G: Wie ich diese Warterei hasse! Ich weiß gar nicht, was die Leute an Weihnachten überhaupt finden. All diesen Glimmer und Flitter, aufgesetztes Lächeln und fromme Lieder. Darauf kann ich gern verzichten. Es gibt Wichtigeres im Leben, Geld und Karriere, das ist es, was glücklich macht und nicht irgend so ein Fest um ein Kind, das schon längst gestorben und begraben ist.

Frau: Also, Ihrer Meinung kann ich mich da nicht anschließen. Bei uns war Weihnachten und vor allem der Heilige Abend immer sehr feierlich. Schon die Adventszeit begehen wir in aller Ruhe und Besinnung und machen uns bewusst, dass Jesus jedes Jahr neu in unser Leben kommen will und wir ihm eine Wohnung bereiten müssen. In der Weihnachtsgeschichte entdecken wir immer wieder neu Gottes wunderbaren Plan mit uns Menschen. Und wenn ich jetzt hier sitzen darf, dann nur durch seine große Liebe und Gnade.

(Sie zieht eine fromme Schrift aus ihrer Tasche und reicht sie dem Geschäftsmann.)

Hier, darin können Sie lesen, wie Jesus Sie wieder zurückholen kann von Ihren Irrwegen und Ihnen ein sinnvolles Weihnachten schenken kann.

(Sie verteilt die Schrift an alle.)

G: Mit solchen frommen Spinnereien möchte ich nichts zu tun haben!
(zerknüllt das Papier und wirft es auf den Boden)

D: Wie können Sie sich dieser Dame gegenüber so benehmen?!

Frau: Lassen Sie nur, da kann man nur noch beten.

Vater: Ich finde, Sie könnten sich wenigstens bei der Dame entschuldigen!

G: Ich wüsste nicht wofür, und außerdem geht es Sie überhaupt nichts an.

(Es entwickelt sich ein Streit. In der Zwischenzeit öffnet sich die Tür im Hintergrund mit der Aufschrift: 24. Dezember. Der Penner bemerkt es als Einziger. Er reibt sich die Augen und sieht noch einmal hin.

Dann steht er auf und möchte es den anderen sagen, die nach wie vor in ihren Streit vertieft sind. Aber diese schubsen ihn weg und keiner hört ihm zu. Schließlich geht er allein durch die Tür. Das Szenenbild bleibt plötzlich stehen und im Hintergrund wird folgender Text gesprochen:)

Jesus liebt deine Armut, nicht deinen Glanz.
Deine Sehnsucht, nicht deine Erfolge,
deine Hilflosigkeit und nicht deine Härte,
darum kam er für dich in diese Welt, um dir
seine Liebe zu schenken!!!

Weihnachts-anspiele

Einen Vater im Himmel?

Ein Weihnachtsspiel für die Christmette

★ **Anzahl der Spieler:** 7
Josef, Maria, Erzengel Gabriel (männl.), 2. Engel (weibl.), 1. Freund, 2. Freund, Wirtin; evtl. 2 Beleuchter

★ **Zielgruppe:** Erwachsene

★ **Dauer:** 30 Minuten

★ **Requisiten:**
Tisch (in der Kneipe), 3 Stühle, Gläser und kleiner Krug (für Kneipen-Szene), großer Tonkrug, großer Eimer (wenn möglich nicht gerade aus Plastik), Brotmesser, Geschirrhandtuch

★ **Besonderer Hinweis:**
Dieses Stück sollte von Erwachsenen mit guter Schauspielbegabung gespielt werden.

★ **Inhalt:**
Verkündigung der Geburt an Maria und die Reaktionen Josefs darauf.

★ Szene 1

Verkündigung an Maria
Maria (M), Erzengel Gabriel (E)
(Normale Deckenbeleuchtung. Maria steht vor dem Tisch und putzt den Krug und den Eimer. Daneben liegt das Brotmesser.)

M: *(blickt in den Krug)* Igitt, schon wieder ein Mehlwurm – bäh! *(dreht den Krug um und klopft drauf)*

Der Erzengel Gabriel tritt langsam ohne große Vorankündigung auf und stellt sich etwa 2 Meter hinter Maria. Diese bemerkt ihn nicht. Zwei große Scheinwerfer beleuchten Maria und den Engel. Die Deckenbeleuchtung geht langsam aus, bis nur noch die beiden im Licht der Scheinwerfer stehen.

E: Maria!

M: *(arbeitet weiter, ohne aufzublicken)* Ja!

F: Sei gegrüßt, du Begnadete!

M: *(arbeitet unbeirrt weiter)* Begnadete?... Ich bin nur eine kleine Magd. Vermutlich haben Sie sich in der Tür geirrt. Zu wem wollen Sie denn?

E: Ich will zu dir.

M: *(blickt auf)* Zu mir?
(dreht sich um und sieht den Engel, erschrickt, läuft hinter den Tisch und bedroht ihn mit dem Messer)
Was, was wollen Sie von mir? Wer sind Sie? Wie sind Sie hier reingekommen? Ich ... ich ...

E: *(beruhigend und freundlich)* Maria! Beruhige dich. Ich bin ein Bote Gottes. Du brauchst keine Angst vor mir zu haben.

M: Ein Bote Gottes? Was will Gott denn von mir? Ich bin doch nur eine arme Magd. Ein armes Mädchen, irgendwo in Nazareth.

E: Hör mir zu! Gott hat Großes mit dir vor: Du wirst schwanger werden und einen Sohn gebären, und du sollst ihm den Namen Jesus geben. Der wird groß sein und Sohn des Höchsten genannt werden, und Gott der Herr wird ihm den Thron seines Vaters David geben, und er wird König sein über das Haus Jakob in Ewigkeit, und sein Reich wird kein Ende haben. (Lk 1, 31-33)

M Aber wie soll ich denn schwanger werden, ohne Mann?

E: Der Heilige Geist wird über dich kommen und die Kraft des Höchsten wird dich überschatten; darum wird auch das Heilige, das geboren wird, Gottes Sohn genannt werden. (Lk 1, 35)

M: Aber, das ist doch unmöglich!

E: So – meinst du? Elisabeth, deine Verwandte, ist auch schwanger mit einem Sohn, in ihrem Alter, und ist jetzt im sechsten Monat. Von ihr haben alle gesagt, sie sei unfruchtbar. Du siehst, bei Gott ist nichts unmöglich. Vertrau auf ihn. (vgl. Lk 1, 36-37)

M: Ja, ich weiß, dass für Gott alles möglich ist. Und wenn Gott mich für diese wunderbare Aufgabe ausgewählt hat, wie soll ich da nein sagen. – Aber, wie stellt Gott sich das vor? *(setzt sich hin)*
Ein unverheiratetes Mädchen wird schwanger. Die Leute werden sich das Maul über mich zerreißen. Wenn ich zum Dorfbrunnen komme, mit meinem dicken Bauch, werden sie mich blöd

angrinsen. Ja, ja, die Maria, werden sie sagen, erst so fromm und keusch tun, und dann so was.

E: *(setzt sich neben sie und legt den Arm um sie)* Hab keine Angst! Wen Gott in seine Dienste stellt, für den sorgt er. Darauf kannst du dich verlassen.

M: Und du meinst wirklich, Gott hat mich als Mutter für seinen Sohn bestimmt. Ich bin doch gar nichts Besonderes?

E: Ja, Maria, und darüber kannst du überglücklich sein. Sicherlich kannst du das jetzt alles noch nicht so schnell begreifen. Lass dir Zeit. Nach und nach wirst du verstehen, was diese Aufgabe für dich bedeutet. Und wie gesagt:
Vertrau auf Gott!

M Ja, das werde ich tun! Ich werde Gottes Sohn in meinem Schoß tragen.

(Der Engel geht ab. Im Licht steht nur noch Maria und blickt nach vorn.)

M: Ich kann es nicht fassen. Ich soll Gottes Sohn gebären. Ausgerechnet ich. Meine Niedrigkeit hat Gott angesehen, und mich mit solcher Gnade beschenkt.
(An dieser Stelle können weitere Teile aus Marias Lobgesang aus Lukas 1, 46-55 eingefügt werden.)
Es ist unglaublich! – Das muss ich unbedingt Josef erzählen.
(Ihre Begeisterung bricht schlagartig ab – lange Pause – Maria denkt nach, schaut bestürzt drein.)
Ja, das muss ich dringend Josef erzählen – aber wie? *(Scheinwerfer aus.)*

★ Szene 2

Josef erfährt von Marias Schwangerschaft
(Josef [J], Maria – Tisch mit Krug, Eimer und Geschirrtuch)

Maria geht sichtlich nervös (Fingernägel kauend, seufzend, unruhige Fingerbewegung) auf und ab. Josef geht auf Maria zu. Sie bemerkt ihn, und blickt ihm entgegen.

J: Endlich Feierabend!
(Er geht auf Maria zu, aber sie dreht sich um, geht zum Tisch, füllt das Wasser vom Krug in den Eimer und trocknet den Krug mit dem Geschirrtuch aus – behält das Geschirrtuch in der Hand und spielt damit zwischen ihren Fingern. Josef steht »dumm« daneben.)

J: Ja – o.k., ich weiß, es ist mal wieder später geworden. Es tut mir Leid. Aber weißt du, ich wollte die Arbeit unbedingt fertig bekommen. – Dafür komm ich morgen dann auch früher bei dir vorbei, ich versprech's dir – wirklich.

M: *(wendet sich Josef zu, spielt mit dem Handtuch)*
Ach – nein, nein, ist schon o.k.
(lächelt ihn nervös an)
(Einige Sekunden Schweigen – der Zuschauer sollte die Spannung in der Atmosphäre dieser Szene spüren.)

J: Maria, was ist los mit dir? – Hast du Ärger gehabt? – Oder ist was passiert?

M: *(mehr zu sich selbst)* Ja, das kann man wohl so sagen.

J: *(wird immer neugieriger)* Ja nun erzähl doch, was ist denn los?

M: (*beginnt etwas Mut zu fassen und schaut ihn an*) Aber versprich mir, dass du mir bis zum Schluss zuhörst!

J: Natürlich!

M: Es war um die Mittagszeit, heute. *(Sie ringt nach Worten.)* Da habe ich auf einmal eine Stimme hinter mir gehört. Und als ich mich umgedreht habe, stand da ein Engel hinter mir. Ich bin natürlich furchtbar erschrocken, aber er hat mich beruhigt, und er hat gesagt, dass Gott uns den Messias schicken wird. Der Sohn Gottes soll geboren werden. Und ... Und ...

J: Und was?

M: (*strahlt vor Freude Josef an und fällt wieder in Begeisterung)* Stell dir vor, ich werde seine Mutter sein.

J: (*fragend*) Was, du wirst Mutter sein – wir sind doch noch gar nicht verheiratet.

M Nein, nein, du verstehst mich nicht! Wie soll ich es dir bloß erklären. Es ist eine wundervolle Sache, aber ... (*Sie blickt auf den Boden.)*

J: (*unterbricht sie)* Maria, jetzt hör mir mal gut zu! (*Sie blickt ihn an.)* Du weißt, dass du mir alles sagen kannst, was dich bedrückt. Alles! – Auch wenn es mich vielleicht verletzt, o.k.

M: Josef, der Engel hat gesagt, ich sei die Auserwählte Gottes. – Gott schickt uns den Messias – und ich werde ihn gebären.

J: Was ... Messias ... Auserwählte ...?

M: *(freudig)* Ja, stell dir vor: Ich soll Gottes Sohn auf die Welt bringen. Neun Monate werde ich ihn unter meinem Herzen tragen. Mich, eine arme, kleine Magd hat Gott auserwählt. Ich kann es immer noch nicht fassen.

J: *(verwirrt)* Moment, was meinst du mit »neun Monate« ... du willst doch nicht etwa sagen, dass ... *(stockt)* ... nein ... nein das ... das kann nicht sein.

M: Doch, es ist, wie es mir der Engel gesagt hat. Ich werde einen Sohn bekommen.

J: *(entsetzt, weicht zurück)* Du wirst einen Sohn bekommen?

M: *(ruft)* Josef! Ich bin schwanger.

J: *(noch entsetzter)* Schwanger!?! Von wem!?!

M: Vom Heiligen Geist.

J: *(ironisch aufgebracht)* Ja, natürlich, von wem auch sonst – und ich bin der Kaiser von China.

M: Jetzt versteh mich doch endlich!

J: Oh, ich glaube ich verstehe dich sehr gut.

M: Nein, es ist nicht so, wie du denkst.

J: Wie soll es denn sonst sein? *(wird immer lauter)* Schwanger ... vom Heiligen Geist Gottes ... ich glaub, ich spinne!! *(rennt weg)*

M: *(ruft ihm nach)* Josef, halt ... bleib doch hier ... Josef
(Sie wirft wütend ihr Handtuch auf den Boden und beginnt zu weinen. Die übrigen Lichter gehen aus.

Nur Maria ist hell beleuchtet und wendet sich nach vorn.)

M: *(verzweifelt)* Ich habe es geahnt. Armer Josef! Ich weiß ja, es ist unglaublich, und wenn mir der Engel nicht selbst erschienen wäre, dann ... *(blickt nach unten)*

(Pause)

Oh Gott, was soll das geben. – Was soll ich ohne Josef tun? Wo er jetzt wohl hingeht? Was denkt er von mir? Bestimmt ist er bitter enttäuscht von mir. Von seiner Maria, die er so sehr liebt, für die er seine Hand ins Feuer gelegt hätte. Bitte, Gott, hilf mir! Erklär du's ihm doch. Ich kann es nicht. Bitte – bitte hilf mir!

(Licht aus.)

★ Szene 3

In der Kneipe
Josef, Freund 1(1), Freund 2 (2), Wirtin (W)

(Das Licht geht langsam an. Auf der Bühne steht ein Tisch mit Bechern und einem Krug. Am Tisch sitzen die Freunde und unterhalten sich. Die Wirtin läuft um den Tisch herum und bedient.)

1: *(zu 2)* Du, komm, wir müssen bald gehen.

2: Ach, immer mit der Ruhe. Einen trinken wir noch, o. k.?

1: *(zur Wirtin)* Sag mal, man hört Gerüchte, du willst die Kneipe hier dicht machen, weil der Wein durch die römischen Steuern so teuer geworden ist.

W: Quatsch, wer erzählt denn so was?

2: Naja, man hört eben so einiges.

W: *(wischt den Tisch ab)* Da soll noch einer sagen, nur die Frauen würden tratschen.

1: Na hör mal, solche Gerüchte können dir ja nur recht sein. Dann kommen die Leute vielleicht noch öfters, als vorher.

2: Du könntest ein Schild vorn hinhängen: malt mit den Händen ein großes Schild in die Luft »Achtung: Geschäftsaufgabe! Wir räumen unseren Weinkeller!« *(beide lachen)*

W: So Jungs, wo wir gerade davon reden. Wie wär's mit einem Krug Wein?

2: Na, wenn du uns so fragst ...

(Josef kommt mit gesenktem Kopf in die Szene hinein und setzt sich an den Tisch.)

1: Seht mal an, wer da kommt.

W: Hallo Josef!

2: Länger nicht mehr gesehen. Wie geht's dir?

(Josef legt seinen Kopf auf den Tisch.)

W: *(ärgerlich)* Das war ja wohl auch nur eine rhetorische Frage. Du siehst doch, dass es ihm nicht besonders gut geht.

1: Was ist denn los? So kenn ich dich ja gar nicht.

J: *(blickt zum Reden auf)* Was soll ich euch erzählen? Ihr würdet mich ja doch nicht verstehen.

2: Versuch es! Vielleicht hilft es dir ja, wenn du einfach nur mal darüber redest.

J: Ich weiß ja selbst nicht, was das alles soll.

W: Nur Mut!

J: (*entsetzt*) Maria ist schwanger!

(Die anderen reagieren erstaunt und entsetzt.)

Vorhin, als ich von der Arbeit kam und sie besuchen wollte – da war sie auf einmal so komisch. Ich habe sie gefragt, was denn los sei. Dann hat sie mir irgendetwas erzählt von einem Sohn Gottes, der der Messias sein wird, und den sie auf die Welt bringen soll ... Sie hat behauptet, sie sei vom Heiligen Geist schwanger!
Meine Maria! Und jetzt sag mir einer, was ich davon halten soll!

(Alle schweigen eine Weile ratlos. Die Wirtin steht daneben.)

1: Uh – das ist ja ganz schön heftig!

2: Wer soll das verstehen? Und das bei Maria?

(Schweigen. 1 winkt 2 zu. Beide stehen auf.)

1: (*tröstend und bedauernd*) Josef, wir müssen jetzt leider gehen. Aber wir kommen morgen früh bei dir vorbei – bestimmt! Kopf hoch!

(Die beiden Freunde gehen leise ab. Sie drehen sich noch einmal zu Josef um, sehen sich ratlos an und gehen dann endgültig ab.)

J: (*laut*) Ach, mich versteht ja doch keiner! – Bring mir einen Krug Wein – schnell!

W: *(nimmt den Krug weg)* Nix da – das ist keine Lösung!

J: Was soll ich denn tun?

W: Auf alle Fälle brauchst du jetzt einen klaren Kopf.

J: Wozu? Wozu frage ich dich? – Mir ist jetzt eh alles egal.

W: *(setzt sich zu ihm)* Das glaube ich dir nicht. Sonst würdest du hier nicht so da sitzen. Du liebst Maria über alles. Ihr hattet euch alles so schön ausgedacht. Verlobung, Hochzeit, Kinder ... Aber jetzt ist da scheinbar etwas dazwischengekommen. Etwas, womit du nicht gerechnet hast.

J: Aber dieses Etwas ist so absurd, so unbegreiflich. Maria soll den Sohn Gottes auf die Welt bringen. Ausgerechnet **meine Maria**!

(Einige Sekunden Sprechpause. Die Scheinwerfer gehen an und die Deckenbeleuchtung langsam aus.)

W: Josef – ich glaube, Maria macht sich ganz große Sorgen um dich. Du solltest jetzt besser gehen.

(Josef steht wortlos auf und geht. Die Wirtin legt ihm die Hand auf die Schulter und geht noch mit ihm mit bis zur Tür. Sie trennen sich wortlos. Die Wirtin geht aus dem Lichtkegel des Scheinwerfers. Der Tisch und die Stühle werden weggetragen.)

(fließender Übergang zu)

★ Szene 4

Auf dem Nachhauseweg und Josefs Traum
(Josef, 2. Engel [E])

(Josef steht im Scheinwerferlicht)

J: Warum das alles? – Was soll das? – Mein Gott, was hat das zu bedeuten? Noch nie in meinem Leben war ich so ratlos. Ich weiß selbst nicht mehr, was ich glauben soll. Ich irre umher in einem Labyrinth von Fragen. Tausend Gedanken tanzen in meinem Kopf herum.
(Er setzt sich und starrt auf den Boden, blickt aber zum Sprechen immer wieder auf.)

J: Was soll ich tun? Noch gestern war alles so klar. Und heute? Wie soll ich bloß weitermachen?
(schlägt kurz die Hände vor sein Gesicht)
Oh Gott hilf mir, ich weiß nicht mehr weiter! – Bitte Gott, hilf mir!!

(Sein Kopf sinkt zwischen seine Beine, er schläft ein.
Nach einiger Zeit tritt ein Engel zu ihm ins Scheinwerferlicht.)

E: Josef! (- *Pause – Sie rüttelt an ihm.)* He, Josef!

J: (*im Halbschlaf*) Ja, was ist denn?

E: Ich habe dir etwas Wichtiges zu sagen.

J: (*immer noch im Halbschlaf*)Muss ich schon aufstehen?

E: Josef!! Es geht um dich und Maria.

J: Ach je, ich hab schon kapiert.

E: Gar nichts hast du kapiert! Los, schau mich an!

(Josef richtet sich auf, erblickt den Engel und schreckt zurück.)

J: (*erschrocken)* He, wer bist du? Und wo sind wir hier?

E: Pscht! Du träumst. Sprich leiser, sonst weckst du dich am Ende noch selbst auf.

J: Wer bist du?

E: Ich bin eine Botin Gottes. Gott hat dir einiges zu sagen.

J: Und was? Geht es etwa um Maria?

E: Es geht um **dich** (!) und Maria. Ich kann verstehen, dass du so reagiert hast. Das ist menschlich. Aber glaubst du denn, dass du wirklich alles begriffen hast?

J: Nein, aber ...

E: Glaubst du, Maria hat sich die Sache mit dem Engel und der Geburt von Gottes Sohn nur ausgedacht?

J: Nein, eben das kann ich mir nicht vorstellen. Ich habe die Freude in ihren Augen gesehen, über das, was ihr der Engel angeblich verkündigt hat. Aber, das ist doch – das ist doch alles unbegreiflich.

E: Glaubst du denn, dass jemals ein Mensch Gott begreifen wird?

J: Nein – du hast Recht. Aber ...

E: Josef! – Freue dich über das, was mit deiner Maria geschehen wird!

J: Wieso – was habe ich denn damit zu tun? Mit **Maria** hat Gott Großes vor, aber doch nicht mit mir. **Sie** soll doch die Mutter des Gottessohnes werden.

E: Ein Kind braucht Mutter **und** Vater. Wer glaubst du denn, soll sein Vater werden?

J: **Gott** natürlich, das hat der Engel doch selbst gesagt. Ich würde in dieser »heiligen Familie« doch immer nur die Statistenrolle spielen. Sozusagen der Alibi-Papa für die Ungläubigen.

E: Nein, Josef. Gottes Sohn wird **Mensch**, und ein Mensch braucht Eltern oder Menschen, die ihn auf dieses Leben vorbereiten, mit allem was dazugehört. Gott ersetzt nicht den männlichen Elternteil. Gott ist kein Mann. **Gott ist Gott**!

J: Aber du sagst doch selber, dass dieses Kind Gottes Sohn sein wird!

E: Ja, aber schließt das aus, dass du sein Vater hier auf dieser Erde wirst?

J: Aber dieses Kind ist doch gar nicht von mir!

E: Nein, aber Gott schickt seinen Sohn auf die Erde und gibt ihn in **deine** Hände, und damit wirst **du** sein Vater auf dieser Erde.

(Josef beginnt sich langsam aufzurichten.)

E: So wie er Maria als seine Mutter auserwählt hat, so hat er dich als seinen Vater bestimmt.
J: *(zweifelnd)* Und was passiert, wenn wir etwas falsch machen?
E: Vertrau auf Gott. Schlussendlich ist er auch **dein** »Vater« im Himmel!

(Die beiden bleiben noch einige Sekunden schweigend stehen, dann geht der Engel. Josef bleibt noch kurz im Scheinwerferlicht stehen, dann Licht aus.)

★ Szene 5

Die Aussprache
(Maria, Josef)

(Alle Lichter über dem Raum vor und hinter der Szene werden langsam auf volle Stärke hochgedimmt. Josef liegt, mit einem Mantel zugedeckt, auf dem Boden. Maria macht sich früh am Morgen zum Dorfbrunnen auf, um Wasser zu holen. Sie trägt einen großen Krug und einen Eimer. Maria kommt auf den Brunnen zu. Kurz davor hält sie inne und stellt den Eimer ab.)

M: *(etwas bedrückt)* Hoffentlich muss ich nicht so lange am Brunnen anstehen. *(wird ärgerlich)* Zu dumm, dass ich heute auch noch verschlafen habe. Aber wie soll man denn da auch einschlafen. Wo steckt Josef bloß? Womöglich ist ihm irgendetwas passiert. Oh, Mann!

(Packt wieder ihren Eimer und läuft energisch los. So energisch, dass sie Josef nicht bemerkt. Sie läuft nach hinten zum Brunnen – Geräusche von fließendem Wasser – und kehrt nach einigen Sekunden von dort wieder zurück. Beim Vorbeigehen schaut sie zu Josef, bemerkt ihn aber nicht. Erst, als sie ein paar Schritte weiter ist, dreht sie sich plötzlich um, stellt Eimer und Krug ab und rennt zu Josef.)

M: *(schreit freudig und besorgt zugleich)* Josef !!! *(Sie schüttelt ihn und versucht, ihn wach zu bekommen.)* Josef, was machst du denn hier?! Wach auf, du erfrierst ja hier draußen. Du hast ja schon eiskalte Hände. Wach auf!

(Josef beginnt, sich langsam zu bewegen. Ihm steckt die Nacht im Freien sichtlich in den Knochen. Maria holt den Krug [vorher mit etwas –!– Wasser gefüllt] und leert ihn ihm über den Kopf. Josef wacht auf, schreit und hält sich den Kopf, weil er Kopfschmerzen hat.)

M: *(besorgt und ärgerlich)* Josef, was soll denn das?! Du bist wohl verrückt! Wo warst du gestern Nacht? *(nimmt ihn in den Arm und fängt fast an zu weinen)* Ich hab mir solche Sorgen um dich gemacht, und du schläfst hier auf der Straße! Was sollen denn die andern Leute von meinem zukünftigen Ehemann denken?

J: *(leise)* Maria, ich habe einen großen Fehler gemacht. Bitte verzeih mir, dass ich gestern so reagiert habe.

M: Glaub mir – ich kann dich doch verstehen. Aber du musst es mir so glauben, wie ich es dir erzählt habe. Ich habe mir das ...

J: *(freundlich)* Du brauchst nicht weiter zu reden. Ich weiß Bescheid.

M: *(besorgt und aufgeregt)* Nein, du weißt nicht Bescheid! Es ist nicht so, wie du denkst. Du weißt, dass ich dich immer noch über alles liebe, und dass ich niemals ...

J: *(unterbricht sie)* Maria! Lass mich doch mal ausreden! Stell dir vor, mir ist heute Nacht im Traum auch ein Engel erschienen. Ich glaube, ich habe jetzt begriffen, was Gott mit dir vorhat – das heißt, was Gott mit uns beiden vorhat.

M: Du kannst dir nicht vorstellen, wie viel Angst ich hatte, dich zu verlieren!

J: Doch – es tut mir Leid.

(Kurze Pause. Die beiden sitzen nebeneinander.)

M: Und du glaubst, dass du diese Vaterschaft annehmen möchtest?

J: Wenn Gott mich dazu auserwählt, wie kann ich da nein sagen? Natürlich habe ich Angst. Es wird mit Sicherheit Schwierigkeiten geben, so, wie mit allen Kindern. Aber, ich will mich darauf einlassen, auch wenn ich nicht weiß, was auf mich zukommt.

M: Das weiß ich auch nicht. Ich weiß nur, dass Gott uns beistehen wird. Er wird uns den richtigen Weg weisen, den wir mit seinem Sohn zu gehen haben.

J: *(wendet sich zu Maria, seine Begeisterung steigert sich immer mehr)* Stell dir vor:
Ich werde ihm das Laufen beibringen. Ich werde ihm die Geschichten unserer Urväter erzählen, von Abraham und Josef. Ich werde mit ihm in der Thora lesen üben, und mit ihm in die Synagoge gehen. Ich werde ihm einen Beruf beibringen. Sicherlich will er auch Zimmermann werden – wie ich!

(kurze Pause)

Dieses Kind wird viel Platz brauchen, aber ich will ihm diesen Raum in meinem Leben geben. *(Beide stehen auf, Josef zuerst.)*
Ja, ich werde der Vater von Gottes Sohn werden. *(mehr und mehr zum Publikum)* Das klingt absurd! Das kann kein Mensch begreifen! Genauso wenig, wie wir Menschen dieses Geschenk Gottes begreifen können: Gott schenkt uns seinen Sohn! Gott selbst wird Mensch!! Ein Mensch, der fühlt und lebt wie wir. Und ein Mensch, der Eltern braucht. Einen Vater und eine Mutter.

(Beide bleiben noch kurz stehen. Dann Licht aus. Kurze Zeit zum Nachdenken, evtl. mit Musik.)

Das Interview

★ **Anzahl der Spieler:** 5
(Reporter, eleganter Geschäftsmann, ältere Dame, Junge, Obdachloser)

★ **Zielgruppe:** alle

★ **Dauer:** ca. 25 Minuten

★ **Requisiten:**
Tonbandgerät oder nur ein Mikrofon

★ **Inhalt:**
Ein Reporter geht durch die Stadt, interviewt vier Personen und fragt sie nach dem Sinn von Weihnachten.

★ Szene 1

Eine belebte Straße in der Fußgängerzone. Menschen hasten mit Päckchen beladen von Geschäft zu Geschäft. Sie haben keine Blicke füreinander.

Reporter: Guten Tag, mein Herr, darf ich Ihnen eine Frage stellen?

Mann: Eine Frage stellen, worüber und wer sind Sie überhaupt?

Reporter: Ich bin Reporter beim ... (*örtliche Zeitung*

einsetzen) Tagblatt. Wir machen eine Umfrage unter den Bürgern von …

Mann: In Ordnung, fragen Sie?

Reporter: Was bedeutet Ihnen Weihnachten?

Mann: Weihnachten? Äh, ja – *(längere Pause)* als kleiner Junge habe ich mich auf Weihnachten gefreut. Mutter hat dann Plätzchen gebacken, es roch im ganzen Haus wunderbar. Am Heiligabend wurde von meiner Großmutter die Weihnachtsgeschichte aus der Bibel vorgelesen. Ja und dann die Vorfreude auf die Geschenke und ...

(Reporter unterbricht hier)

Reporter: Und heute? Was bedeutet Ihnen Weihnachten heute?

Mann: Heute? – Ich glaube nicht mehr an das Christkind, heute ist alles anders, nüchterner. Das Geheimnisvolle ist nicht mehr da. Eigentlich schade. Die Zeit vor Weihnachten ist die schlimmste vom ganzen Jahr. Ich besitze nämlich ein Modegeschäft, und gerade vor Weihnachten geht es drunter und drüber, Hektik, nichts als Hektik. Da habe ich keine Zeit, über den eigentlichen Sinn des Weihnachtsfestes nachzudenken. Hauptsache, die Kasse stimmt bei Ladenschluss.

Reporter: Danke für Ihre Antwort.

★ Szene 2

Reporter: Guten Tag, meine Dame, ich bin Reporter beim … Tagblatt. Wir starten zur Zeit eine Umfrageaktion anlässlich des bevorstehenden Weihnachtsfestes.
Darf ich Ihnen eine Frage stellen?

Dame: Aber bitte, fragen Sie ruhig.

Reporter: Was bedeutet Ihnen Weihnachten?

Dame: Oh, da kommen unsere Kinder aus Amerika und Südafrika zu Besuch mit unseren Enkelkindern. Mein Mann und ich freuen uns schon das ganze Jahr darauf. Mein Mann stellt dann die große Edeltanne im Wohnzimmer auf und schmückt sie wie in alten Zeiten. Ich backe und koche und bereite alles Mögliche für die Feier vor, verpacke liebevoll die Geschenke. Ach, es wird bestimmt herrlich werden.

Reporter: Bedeutet für Sie Weihnachten nur das Wiedersehen mit Ihren Kindern oder ist da noch etwas anderes, an das Sie erinnert werden?

Dame: Etwas anderes? Ich verstehe Sie nicht?
Was meinen Sie?

Reporter: Ich meine, erinnern Sie sich mit Ihrer Familie auch an die Geburt von Jesus Christus?

Dame: Natürlich besuchen wir auch gemeinsam die Christmette. Das gehört doch dazu, sonst ist Weihnachten doch nicht Weihnachten.

Reporter: Glauben Sie an das, was vor 2000 Jahren in Bethlehem geschah?

Dame: Als Kind habe ich daran geglaubt, aber heute – nein, ich bitte Sie. Mein Mann und ich sind moderne Menschen, diese Geburt damals in Bethlehem und dann auch noch in einem Stall. Dass das die Geburt des Sohnes Gottes sein sollte, daran kann ich nicht glauben. Und dann auch noch diese mysteriöse Schwangerschaft durch den Heiligen Geist und Maria war auch danach immer noch Jungfrau. Ihre Fragen hätten Sie besser meinem Mann gestellt, er ist Frauenarzt. Er hätte Ihnen ganz genau erklären können, dass das einfach unmöglich ist.

Reporter: Ist das auch Ihre eigene Meinung oder schließen Sie sich nur den logischen Überlegungen Ihres Mannes an?

Dame: Es ist meine ganz persönliche Meinung. Aber dennoch freuen wir uns auf Weihnachten, uns geht die Familie eben über alles.

Reporter: Vielen Dank für Ihre freimütigen Antworten.

Dame: Bitte, bitte.

★ Szene 3

Reporter: Hallo, Kleiner, darf ich dich etwas fragen?

Junge: *(Kaugummi kauend)*
Was heißt hier Kleiner? Ich bin immerhin schon 13.

Reporter: Wie heißt du denn?

Junge: Kai.

Reporter: Also Kai, darf ich dich etwas fragen?

Junge: O. k. fragen Sie.

Reporter: Was bedeutet für dich Weihnachten?

Junge: Weihnachten? Na, ist doch klar. Die vielen Geschenke, die Opa, Oma, Papa und Mutti anfahren. Ich hoffe, dass sie mir dieses Jahr endlich einen Computer schenken. Alle meine Klassenkameraden haben schon seit langem einen, nur ich noch nicht. Das ist doch nicht fair, oder?

Reporter: Geschenke, ist das alles, was du mit Weihnachten in Verbindung bringst?

Junge: Woran sollte ich denn noch denken? *(überlegt)* Halt, richtig, mein Onkel Klaus hat am 24. Geburtstag.

Reporter: Hast du auch schon mal davon gehört, dass am Heiligen Abend der Geburtstag von Jesus Christus ist, dem Sohn Gottes?

Junge: Ach ja, richtig. Unsere Relilehrerin erzählt doch jedes Jahr die gleiche Geschichte davon. Jesus war doch das Kind, das in einem Stall geboren wurde. Stimmt's? Aber das muss mich doch nicht interessieren, außerdem stehe ich in Reli und Geschichte auf 'ner schwachen Vier. Ich kann mir so schlecht Geschichtszahlen merken. Ich gehe in der nächsten Klasse aus dem Reliunterricht raus und dafür in Ethik.

Reporter: Du musst dir keine besonderen Geschichtszahlen merken, die Geburt von Jesus war vor 2000 Jahren, unsere Zeitrechnung beginnt damit.

Junge: Muss ja dann eine bekannte Persönlichkeit gewesen sein, dieser Jesus, dass wir unser Datum nach ihm richten.

Reporter: Jesus Christus ist der Sohn Gottes. Gott hat ihn als unseren Erlöser zur Erde geschickt, aus lauter Liebe. Gott wollte nicht, dass wir in der Finsternis leben sollen, Finsternis, d. h., dass wir in Streit und Hass mit unseren Mitmenschen leben, dass wir neidisch sind auf die, die mehr haben, z. B. die einen Computer haben. Damit wir Menschen erfahren, wie Gott ist, nämlich wie ein Vater, darum hat er seinen einzigen Sohn zu uns auf die Erde geschickt.

Junge: Aber warum hat Gott seinen einzigen Sohn in einem Stall bei den Tieren zur Welt kommen lassen? Er hätte ihm doch einen Palast schenken können, das verstehe ich nicht. Warum musste er so arm zur Welt kommen?

Reporter: Hätte Gott ihn als König zur Erde geschickt, so wie wir Menschen uns das so vorstellen, wie hätte er dann mit den Armen und Schwachen fühlen können, mit den Kranken und Unterdrückten. Gott wollte, dass sein Sohn all das ertragen sollte an Elend, was wir hier auf Erden zu tragen haben. Jesus hat alles ertragen und hat es mit dem Tod am Kreuz bezahlt, unsere Schuld. Er ist unser Erlöser.

Junge: Erlöser? Unser Erlöser? Wovon hat er uns denn erlöst?

Reporter: Erlöst hat er alle Menschen auf der Welt von ihren Sünden, auch dich und mich, Kai. Die Sünden, d. h. wir wollen unser Leben ohne Gott leben, wir wollen tun und lassen, was uns gefällt, siehst du, Kai, diese Sünden trennen uns von Gott. Damit Gott uns aber verzeihen kann, hat er seinen Sohn zu unserer Rettung geschickt.

Junge: Aber wenn er doch am Kreuz gestorben ist?

Reporter: Er ist wieder nach 3 Tagen auferstanden, er hat den Tod überwunden und wenn wir an ihn glauben, werden wir nach unserem Tod auch auferstehen und zu Gott kommen.

Junge: Für mich ist dieser Jesus also auch zur Erde gekommen und deshalb feiern wir Weihnachten. Darüber habe ich noch nie nachgedacht. So wie Sie mir das sagen, hat mir das auch noch niemand gesagt. Dass Sie mir das so erklären, finde ich klasse.

Reporter: Und zu Hause, redet ihr da nicht über die Bedeutung von Weihnachten?

Junge: Ach, wissen Sie, meine Mutter geht den ganzen Tag zur Arbeit. Meine Eltern sind geschieden, da hat meine Mutter abends soviel anderes zu tun, da bleibt für solche Dinge keine Zeit. Schade ist das schon, irgendwie interessiert mich dieser Jesus doch. Gott muss uns ja sehr lieb haben, dass er uns seinen Sohn geschickt hat, um uns zu retten. Oder?

Reporter: Ja, mein Junge, Gott hat uns wirklich sehr lieb.

Junge: *(schaut auf seine Armbanduhr)*
Oh weia, schon so spät? Mein Freund Peter wartet doch auf mich.
(Geht einige Schritte von dem Reporter weg, dreht sich noch einmal nach ihm um.)
Ich muss über alles, was Sie mir erzählt haben, noch einmal nachdenken. – Vielleicht bleibe ich ja doch im Reliunterricht.
Außerdem geht Peter jede Woche zum CVJM

	in die Gruppenstunde, er will mich ständig mitnehmen, aber ich hatte nie richtig Lust. Eigentlich kann ich es mir ja mal ansehen, kostet ja nichts und dort erfährt man doch mehr von Gott. *(geht ab)*
Reporter:	*(ruft Kai nach)* Frohes Weihnachtsfest, Kai!
Junge:	*(schreit zurück)* Ihnen auch, und danke, dass Sie so viel Zeit für mich hatten!!!

★ SZENE 4

Reporter:	Guten Tag, darf ich Sie stören?
Obdachloser:	Sie beobachten mich wohl? Das kann ich gar nicht leiden. Die übrigen Besucher des Weihnachtsmarktes kümmern sich doch auch nicht um mich, warum also Sie? Was wollen Sie von mir?
Reporter:	Was bedeutet Ihnen Weihnachten?
Obdachloser:	Nichts!!! Weihnachtstage sind Tage wie alle anderen auch, einsame, trostlose Tage. Höchstens im Heim gibt es ein besseres Essen. Aber Zeit haben die auch nicht für unsereinen. Wer will in Wirklichkeit schon mit uns Wohnsitzlosen etwas zu tun haben? Die meisten Menschen denken doch, dass wir faul und arbeitsunwillig sind, dass wir uns nicht waschen und ständig die Schnapsflasche dabei haben.
Reporter:	Trinken Sie keinen Alkohol?
Obdachloser:	Ich bin kein Alkoholiker, wenn Sie das meinen.

	Manchmal möchte ich mir jedoch einen richtigen Rausch antrinken, wenn ich es vor Einsamkeit nicht mehr aushalte, besonders jetzt in der stillen Zeit vor Weihnachten.
Reporter:	Haben Sie keinen Arbeitsplatz?
Obdachloser:	Ich bin seit 2 Jahren arbeitslos.
Reporter:	Haben Sie sich denn um eine neue Arbeit bemüht? Arbeit hilft über vieles hinweg.
Obdachloser:	Wer will schon einen Mann von 56 Jahren einstellen. In den letzten 2 Jahren habe ich mich immer wieder um eine Stelle bemüht, doch vergeblich, keiner wollte mich. »Zu alt« hieß es immer.
Reporter:	Welchen Beruf haben Sie denn gelernt und warum arbeiten Sie nicht mehr darin?
Obdachloser:	Ich bin gelernter Holzschnitzer. Meine Firma ging vor ca. 2 Jahren konkurs, sie bekam nicht mehr genügend Aufträge, dabei haben wir so schöne Holzspielzeuge hergestellt, alles in Handarbeit. Aber sie waren den Kunden zu teuer, die maschinell hergestellten werden sehr viel billiger angeboten. Aber wieso erzähle ich Ihnen das alles, ist doch alles sinnlos.
Reporter:	Nichts ist im Leben sinnlos. Bedeutet Ihnen Weihnachten wirklich gar nichts? Es ist doch das Fest der Liebe.
Obdachloser:	Wer schenkt schon uns Obdachlosen Liebe? Die meisten Menschen verachten uns doch.
Reporter:	Menschen vielleicht schon, aber einer verachtet Sie nicht, er liebt Sie, so wie Sie sind. Aus dieser

	Liebe heraus hat er seinen Sohn, Jesus Christus, zur Erde gesandt, um uns zu erlösen, besonders aber für die Schwachen ist er gekommen.
Obdachloser:	Ja, als meine Frau noch lebte sind wir am Heiligen Abend immer in den Gottesdienst gegangen. Es war schön. *(sehr nachdenklich)* Aber das ist alles schon so lange her. Mein Leben ist verpfuscht. Keine Arbeit – keine Wohnung – keinen Menschen, der zu mir gehört.
Reporter:	Aber Gott liebt Sie. Fangen Sie mit ihm neu an, beten Sie zu ihm, er wartet nur auf ein Wort von Ihnen, er kann Ihnen helfen.
Obdachloser:	Meinen Sie das wirklich so? Beten soll mir in meiner Lage helfen? Gebetet habe ich seit meiner Kindheit nicht mehr; halt, das stimmt nicht ganz, gebetet habe ich auch, als meine Frau im Sterben lag. Aber ich habe es verlernt.
Reporter:	Um zu beten, brauchen Sie kein Gelehrter zu sein und müssen auch keine wohlformulierten Sätze von sich geben. Beten Sie so zu Gott, wie sie eben mit mir geredet haben. Gott versteht Sie, er weiß, was Ihnen fehlt, aber er will, dass Sie ihm das per-sönlich sagen, von Du zu Du.
Obdachloser:	Warum erzählen Sie mir das eigentlich alles? Sie sind ein seltsamer Mensch, schämen Sie sich nicht, bei mir hier gesehen zu werden? – Ach, ja, das ist ja Ihr Beruf. Darf ich Sie auch etwas fragen?
Reporter:	Bitte, fragen Sie nur?
Obdachloser:	Glauben Sie an Gott?

Reporter: Ja, ich glaube an Gott und an die Geburt seines Sohnes Jesus Christus, weil ich am eigenen Körper seine Hilfe und Rettung erfahren habe. Darum erzähle ich allen Menschen, denen ich begegne, davon.

Obdachloser: *(verlegen stotternd)*
Sie wissen vielleicht gar nicht, wie sehr Sie mir geholfen haben. Ich bekomme wieder neuen Mut, vielleicht ist meine Zukunft gar nicht so hoffnungslos, wie ich gedacht habe. Wenn da jemand ist, dem mein Schicksal nicht gleichgültig ist, der mich behütet und mir helfen will ...
Ja, ich möchte noch einmal neu beginnen, trotz meines Alters.

Reporter: Ich wünsche Ihnen eine gesegnete Weihnachtszeit und ein erfolgreiches Neues Jahr mit Gott.

Obdachloser: Das wünsche ich Ihnen auch und vielen Dank für alles. Fast glaube ich, dass Sie nicht einfach so daher gekommen sind, sondern dass Sie mir geschickt wurden, wie ein Engel aus einer heilen Welt.

Sprechstück zu Weihnachten

★ **Anzahl der Spieler:** 5, Sprecher 1–5 mit Kerzen

★ **Zielgruppe:** Erwachsene

★ **Dauer (ohne Lieder):** 10–15 Minuten

★ **Requisiten:** 5 Kerzen

★ **Besonderer Hinweis:**
Dieses Stück eignet sich am besten für eine Kirche bzw. innerhalb eines Gottesdienstes (evtl. am Abend).
Es ist wichtig, die Gemeinde gedanklich und gefühlsmäßig in die Gegenwart Gottes mit einzubeziehen. Darum die einfache Sprache. Es geht nicht um ein glänzendes Stück, sondern um das Erleben der Gegenwart von Jesus. Wenn möglich, sollten die Sprecher in der Anrede an Gott in den Chorraum hineinsprechen. Somit stehen sie da als Sprecher der gesamten Gemeinde. Das Stück wird mehr und mehr zum Gebet. Die einzelnen Sprecher sind nicht mehr als Darsteller wichtig, sondern wichtig wird allein der Dank und das Lob an Gott für das, was er getan hat und die Bitte, in das Herz des Einzelnen einzuziehen.

★ **Inhalt:**
Das Eigentliche der Weihnachtsbotschaft, dass Gott nicht fern ist, sondern uns nahe kommt und unsere Schuld und Krankheit auf sich nimmt, soll hier verdeutlicht werden (Jes 53; Phil 2).
Ziel des Stückes ist es, aufzuzeigen, wie in der oft unerwarteten Begegnung mit Gott der Einzelne verwandelt wird. Unsere Nöte werden zu Gottes Gelegenheiten. Menschen aller Art sind mit-

einbezogen, für jeden ist Platz an der Krippe. Gottes Wort ist wahr und bewahrheitet sich (Sprecher 5 mit Kerzen). Aber es fordert eine Entscheidung (ich will meine Augen öffnen).

Sprecher 1-5: *(von ihren Plätzen)*
Alles, was wir haben, hast du uns selbst gegeben. Du bist unser Schöpfer, aus dir strömt unser Leben.

Sprecher 1: *(von rechts)* Ich komme von weit her. Fromm bin ich nie gewesen. Die Kirche sagt mir nichts. Eigentlich bin ich nur aus Neugier gekommen. Innerlich habe ich mich auf eine schöne Feier eingestellt. Kerzen, Musik, Tannenbaum. Du weißt schon. Du bist da und wartest. Sag mal, wartest du schon lange? Ja, ich weiß, schon lange wartest du auf mich. *(bleibt stehen)*

Sprecher 2: *(von links)* Wie schmutzig es hier ist. Und wie es riecht! Es ist kalt. Wäre ich doch nur zu Hause geblieben, im warmen Heim.
(Zur Gemeinde) Geld genug habe ich ja. Ja, Geld habe ich. Aber ist Geld alles? Karriere, Auto, Eigenheim. Eine schöne Frau, zwei Kinder. Und dann diese quälenden Gedanken im Innern. Das kann doch nicht alles sein im Leben. *(bleibt stehen)*

Sprecher 3: *(stürzt herbei auf die Stufen)*
Darf ich es wagen? Darf ich es glauben? Ich weiß, ich bin kein guter Mensch. Ich weiß, vieles in meinem Leben ist nicht so, wie es sein sollte. Und ... ich habe Angst. Angst vor den anderen Menschen. Vor den Nachbarn, die mit ihren Fingern auf mich zeigen. Und Angst auch vor dir. Man sagt, du seist streng. Man sagt mir, du sähest alles. Du kennst alle Gedanken. Du bist der Richter, sagte man mir. Und ich hatte Angst, Angst vor dir. – Doch jetzt, jetzt sehe ich, dass du

ganz anders bist. Du bist als Kind gekommen. Du bist einer von uns geworden. Du verstehst uns. Ich kann ja mit dir reden. Du verstehst mich. Ich will hier bleiben, bei dir. Seitdem du hier bist, ist es warm in mir.

Sprecher 2: Was hat diese Frau gerade gesagt? Mit wem hat sie geredet? Seltsam! Sie sprach so warm, so überzeugt. Von einem Kind. Von einem Kind, das sie versteht. Seltsam.

Sprecher 1: Ja, ich habe es zuerst auch nicht verstanden. Ich war auf alles gefasst. Nur nicht auf dieses Kind. *(wendet sich zum Altar)* Herr, ich war auf alles gefasst, nur nicht darauf, dass du in mein Leben eintrittst. Aber jetzt bist du da.

Sprecher 4: *(kommt von hinten durch den Mittelgang)* Nein, diese Leute! Die glauben einfach alles. Haben Sie es schon gehört? Wissen Sie schon das Neueste? Ein Kind soll gekommen sein! Nein, so was! Ein Kind! Was ist denn daran Besonderes? Ein Kind. Und schon sind alle außer Rand und Band. Das Kind soll etwas Außergewöhnliches sein. Es soll die Rettung bringen. Hirten haben es überall herumerzählt. Ach was, ich brauche keinen Retter! *(bleibt vorn stehen)*

Sprecher 1-3: *(zum Altar hin)* Herr, wir danken dir, dass du da bist. Wir verstehen zwar nicht viel, aber dein Licht scheint auch für uns und deine Wärme macht auch uns warm. *(bleiben so)*

Sprecher 4: *(zur Gemeinde)* Mit wem reden die denn? *(Verbleibt so, beobachtet im Folgenden Sprecher 5, der mit einer Kerze – Zeichen des Glaubens – durch den Mittelgang nach vorn kommt.)*

Sprecher 5: *(noch im Gehen)* Endlich bist du da, Herr. Unsere Hoffnungen haben sich in dir nicht getäuscht. In den heiligen Schriften habe ich es gelesen, dass du kommen wirst. Dein Wort ist wahr. Mein Leben lang habe ich dich erwartet. Jetzt bist du da. Ich bringe dir meine Hoffnung und nehme dafür deine Erfüllung.

Sprecher 3: Ich bringe dir meine Angst und nehme dafür deinen Trost.

Sprecher 1: Ich bringe dir meinen Unglauben und nehme dafür die Gewissheit deiner Nähe.

Sprecher 2: Ich bringe dir meine Leere und nehme dafür deine Fülle.

(Schweigen)

Sprecher 4: Herr, diese Menschen haben mich überzeugt. Sie rechnen mit deiner Gegenwart. Auch ich will meine Augen öffnen für deine Wirklichkeit. Jesus, ich bringe dir meine Blindheit und nehme dafür dein Licht.

Sprecher 1-5: Herr, es ist gut, dass du gekommen bist! Wie du damals die Menschen gesund gemacht hast, so machst du auch heute jeden gesund, der zu dir kommt.

Sprecher 1: Wir bringen dir unsere Lüge, du schenkst uns deine Wahrheit.

Sprecher 2: Wir bringen dir unseren Hass, du schenkst uns deine Liebe.

Sprecher 3: Wir bringen dir unsere Sünde, du schenkst uns deine Vergebung.

Sprecher 4: Wir bringen dir unsere Verzweiflung, du schenkst uns deinen Sinn.

Sprecher 5: Wir bringen dir unsere Einsamkeit, du schenkst uns deine Gegenwart.

Sprecher 1-5: Wir bringen dir unseren Tod, du schenkst uns dein Leben.

Komm, o mein Heiland Jesus Christ,
meins Herzens Tür dir offen ist.
Ach, zieh mit deiner Gnade ein,
dein Freundlichkeit auch uns erschein.
Dein heilger Geist uns führ und leit
den Weg zur ewgen Seligkeit.
Dem Namen dein, o Herr,
sei ewig Preis und Ehr!

(Sprecher stehen noch zum Altar gewandt.

Nachdem sie den Vers gesprochen haben, setzen Orgel und Gemeinde ein.)

Ein Wort zum Sonntag

Ein Sprech-Stück zum Thema Weihnachten

★ **Anzahl der Spieler:** 1

★ **Zielgruppe:** Erwachsene

★ **Dauer:** 3 Minuten

★ **Requisiten:**
Tisch, Wasserglas, Nikolaus-Mütze

★ **Besonderer Hinweis:**
muss kabarettistisch gespielt werden

★ **Inhalt:**
Satire auf den Vorweihnachtsrummel

Person: Alois Schleimrum

(Vorhang auf! Alois Schleimrum merkt nicht, dass er auf Sendung ist. Blättert nervös in seinen Unterlagen. Blickt zufällig ins Publikum, schaut noch einmal hin, versteht die Lage:)

Guten Abend, meine Damen und Herren! Ich habe Ihnen heute etwas mitgebracht.

(Er verschwindet unter dem Tisch, rumort, kommt kurz hoch.)

Einen Augenblick noch ...

(Taucht wieder unter und stößt dabei das Wasserglas um. Der Inhalt ergießt sich über seine Unterlagen, die er rasch abwischt, worauf er endgültig wegtaucht, um mit einer Nikolaus-Mütze wieder aufzutauchen:)

Meine Damen und Herren, es geht auf Weihnachten zu. Und um dies anzudeuten, habe ich diese Mütze, das wohl typischste Symbol für die Weihnachtszeit, aufgesetzt. Sie mag dem einem oder anderen vielleicht lustig erscheinen. Für mich jedoch drückt sie eine tiefe Verbundenheit mit dem Christfest aus.

Da kommen mir Gedanken an Lieder wie 'Lasst uns froh und munter sein' oder 'Kling Glöckchen, klingelingeling' – alles gute alte Weihnachtslieder. Ich meine, das sollte uns doch zu denken geben.

Doch auf der anderen Seite gibt es Leute, die mit dem Weihnachtsfest nichts anfangen können. Da traf ich doch letztens ein Gemeindeglied, das erzählte mir, Weihnachten hätte für ihn jegliche Bedeutungen verloren.

Das hat mich natürlich hart getroffen. Ich meine doch, dass die Weihnachtszeit mit ihrer Beschaulichkeit und Ruhe, mit dem Christbaumschmuckbasteln, dem Geschenkvorbereiten, der Idylle am Weihnachtsabend, die schönste Zeit des Jahres ist. Lassen sie sich bloß nicht von irgendwelchen Pessimisten das Weihnachtsfest vermiesen.

Da hätte ich noch einen Vorschlag zu machen. Es soll natürlich nur ein Vorschlag sein. Bitte erschrecken Sie nicht. Ich will mich in keiner Weise aufdrängen. Ich meine, vielleicht könnten Sie auch einmal ... ein klein wenig ... nachdenken über ... Äh ... Jesus Christus? Ich will Sie natürlich nicht zu religiösen Fanatismus auf-fordern! Nichts läge mir ferner, als das. Aber wenn Sie vielleicht ein Minütchen, nur ein Minütchen lang sich Zeit nehmen würden, über das Kindlein in der Krippe nachzudenken?!

Das soll – wie gesagt – nur ein Vorschlag sein. Der auch nur aufgegriffen werden sollte, wenn er gut in Ihr Heilig-Abend-Programm passt. – Aber ich denke, dass man vielleicht gerade

Weihnachten, gerade zur Weihnachtszeit, sich mal ein wenig Zeit nehmen könnte, um wieder einmal ... ich meine ... Ähm ... Sie wissen schon!

Ich wünsche Ihnen ein schönes, beschauliches Weihnachtsfest und viele Geschenke. Guten Abend.

Geschenke zu Weihnachten

★ **Anzahl der Spieler:** 3
(Geschenk I. = G I; Geschenk II. = G II; eine Bibel = B)

★ **Zielgruppe:** Jugendliche und Erwachsene

★ **Dauer:** ca. 15 Minuten

★ **Besonderer Hinweis:**
Spieler können »passend« verkleidet sein.

★ **Inhalt:**
2 Geschenke und eine Bibel unterhalten sich miteinander über den Sinn von Weihnachten.

G I: *(steht auf der Bühne, gähnt gelangweilt)*

G II: *(kommt von einer Seite auf die Bühne, eilig, konfus)*
(mehr zaghaft) Tag!

G I: *(blickt uninteressiert ins Publikum)*

G II: *(lauter)* Guten Tag!

G I: *(wendet sich langsam zu G II)* Tag!

G II: *(wendet sich ab, kommt wieder zu I.)*
Ich bin ein Geschenk!

G I: Ach!

G II: Sie auch?

G I: Nee!

G II: Nicht? Was denn sonst?

G I: *(aufgebracht)* Der Weihnachtsmann!

G II: *(will beleidigt von der Bühne, kommt dann aber doch zurück)*
Entschuldigen Sie bitte, wenn ich mich hier so dumm benehme, aber ich bin ja so aufgeregt!

G I: Aufgeregt? Wieso?

G II: Aber es ist doch Weihnachten, das Fest der Geschenke, der Höhepunkt im Leben eines Geschenks!

G I: *(befremdet)* Sagen Sie mal, wo kommen Sie denn her?

G II: *(unbekümmert)* Na, aus dem Warenhaus!

G I: Waas, direkt aus dem Warenhaus?

G II: Ja.

G I: Sagen Sie mal, wer hat Sie denn gekauft?

G II: Na ... ein Kind.

G I: *(gedankenverloren)* Ach so, ein Kind ... Ja, ja, die Kinder, die haben noch Ideale.
(- kurzes Schweigen -)

G II: *(irritiert)* Ach, ist das denn nicht Ihr erstes Weihnachtsfest?

G I: Nein, nein! Wenn ich nachrechne, warten Sie mal, es ist mein fünftes Fest.

G II: Waas?

G I: Und dazu noch zehn Geburtstage.

G II: Wie geht denn das?

G I: Tja, vor fünf Jahren wurde ich wohl gekauft. So genau erinnere ich mich aber nicht mehr daran. Ich wurde eingepackt, verschenkt, ausgepackt, wieder eingepackt und verschenkt zu einem Geburtstag, ausgepackt, eingepackt, noch ein Geburtstag, dann wieder Weihnachten, immer so weiter. Junge, Junge, ich bin schon durch viele Hände gegangen.

G II: Oh!

G I: Einmal ließ mich einer sogar eingepackt und verschenkte mich am nächsten Tag weiter.

G II: Oh!

G I: *(versonnen)* Ja, ja!

G II: *(nach einer kurzen Weile)* Was sind Sie denn?

G I: Ich? Eine Krawatte! Und sie?

G II: Ja, ja ich auch, ich auch.

G I: Ach so.

G II: *(wendet sich wieder ab, kommt zurück)* Ähm ..., wenn Sie das schon so oft mitgemacht haben, können Sie mir da wohl sagen, wie sich das alles so ungefähr abspielt? Ich bin nämlich immer noch ganz schön aufgeregt.

G I: *(wohlwollend)* Aber sicher kann ich das. Die Feiern sehen nämlich immer gleich aus: Also, man wird unter den Weihnachtsbaum ..., ach Sie wissen ja gar nicht was das ist! Also, man wird unter einen Baum, Tanne oder Fichte oder Plastik, der mit allerhand dummem Glitzerkram behangen ist, gelegt. Dann kommen alle rein, staunen wie wild über den Baum, obwohl sie sowas schon über hundertmal gesehen haben, setzen sich hin, singen »Stille Nacht«, lesen aus so – 'nem komischen schwarzen Buch 'ne seltsame Geschichte vor, stürzen sich auf die Geschenke, der Vater packt mich immer aus, sagt »Nein, wie schön, eine Krawatte!« und legt mich zu den anderen.

G II: Zu welchen anderen?

G I: Zu den anderen Krawatten. Nun ja, dann unterhält man sich oder sieht sich im Fernsehen die Weihnachtssendung an.

G II: Ist das alles?

G II: Das ist alles!

G II: Das ist das, wovon ich im Warenhaus so viel gehört habe?

G I: Ganz recht!

G II: Und äh ... ich meine, war das schon immer so?

G I: Nun, die fünf Jahre, die ich erlebt habe, waren genau so. Ich glaube, das war immer so und wird auch immer so bleiben.

G II: Aber, aber, das kann doch nicht so bleiben! Da muss doch was geändert werden! Die Menschen können doch nicht immer und immer wieder solche sinnlosen Feiern veranstalten! Sie haben doch vorher genug Zeit, sich gut darauf vorzubereiten, das habe ich im Warenhaus doch gemerkt!

G I: Fragen Sie mich nicht ...!

G II: Sie sagten da gerade etwas von einem Buch, das auch immer dabei ist ...

G I: Jaja, das ist auch so eine merkwürdige Sache. Jedes Jahr wird es zu Weihnachten hervorgeholt und nach der Bescherung wird es mit den anderen nutzlosen Geschenken wieder weggeräumt. Es muss hier irgendwo liegen ...
Ach ja, da liegt es ... He, Sie da! Ja, Sie meine ich. Kommen Sie doch mal her! *(ruft zu B hin)*

B: Tag!

I und II: Tag!

B: Was ist denn los? *(gähnt)* Schon Weihnachten?

G II: Nein, noch nicht, aber darum geht's.

B: Ach was?

G II: Wir dachten, dass Sie uns vielleicht sagen könnten, wie es damit angefangen hat und überhaupt, was es damit auf sich hat und was wir Geschenke mit Weihnachten zu tun haben.

B: Also Weihnachten hat mit solchen Geschenken wie euch eigentlich herzlich wenig zu tun.

I und II: Oh, was? ...

G I: Weihnachten ohne Geschenke gibt's nicht!

B. Sie wissen doch gar nicht, wovon Sie reden. Das erste ursprüngliche, eigentliche Weihnachtsfest war keine Familienfeier, so mit viel Lebkuchen und Spekulatius und Rauschgoldengelglanz. Steht alles hier drin, wie das wirklich war. Das war nämlich schon ganz schön dreckig und schmutzig, das spielte sich in einer zugigen, stinkigen Scheune ab.

G II: Bah, wie vulgär!

G I: Da waren mir meine fünf öden Weihnachtsfeiern ja noch viel lieber.

B. Aber wissen Sie denn nicht, was da passiert ist? Da kam Gott zur Welt!

I und II: Häh?

G II: Das müssen Sie uns aber erklären.

B: Überlegen Sie doch: Gott selbst, der Schöpfer des Universums, des Menschen, machte sich ganz klein, wurde selbst Mensch. Ist das nicht toll? Stellen Sie sich vor: Gott wird für den Menschen greifbar, bleibt nicht in unerreichbarer Ferne. Ist das nicht das beste Geschenk, das man sich vorstellen kann? Gott schenkt sich den Menschen! Sie, das Geschenk ist besser, als alle Krawatten der Welt!

G I: Kann gar nicht sein.

G II: Doch, ich glaube schon, dass Gott wichtiger ist als wir. Schauen Sie sich Ihren Lebenslauf doch an. Sie werden doch nach Weihnachten wieder weggepackt. Gott dagegen ist so wichtig, dass er nicht einfach nach Weihnachten wieder weggepackt werden kann. Der ist für das ganze Leben eines Menschen wichtig!

G I: Meinen Sie? Aber warum wird denn dann die Bibel mit mir zusammen nach Weihnachten weggepackt?

B: Fragen Sie nicht mich!
(– kurze Gedankenpause –)

G I: He, Achtung, die Schranktür geht auf!
Ich glaube, es geht los. Na dann, haltet die Ohren steif!
(zur Bibel) Vielen Dank für Ihre Informationen.

B: O bitte, bitte!

G I: *(zu G II)* War nett, sie kennen zu lernen.
Vielleicht seh'n wir uns noch irgendwann.
Bis dann ...

G II: Bis dann ...
(überlaut) Stille Nacht ...

Der Christbaum und seine Botschaft

Ursprung, Schmuck, Symbole

★ **Anzahl der Spieler:**
5 Sprecher, dabei ist Sprecher 1 der fragende.

★ **Zielgruppe:**
alle (von der Kindergartengruppe bis zum Seniorenkreis; die Aussagen müssen dann z. B. bei Kindern ihrem Verständnis gerecht werden)

★ **Dauer (ohne Lieder):** ca. 30 Minuten

★ **Besonderer Hinweis:**
Für die Gestaltung empfiehlt sich ein Wechsel zwischen Frage und Antwort (z. B. Erwachsene / Kind). Evtl. können auch Anwesende einbezogen werden. Nach der Beschreibung des entsprechenden Christbaumschmucks hängt die jeweilige Sprecherin einige Exemplare an den Baum, so dass dieser schrittweise vervollständigt wird.

★ **Inhalt:**
Die zentralen Aussagen des Weihnachtsevangeliums werden anhand des Weihnachtsbaumes erklärt. Durch die Veranschaulichung ist die Verkündigung interessant und hinterlässt bleibende Eindrücke.

★ **Material:**
Kleiner Weihnachtsbaum im Ständer
Liedblatt oder Overheadfolien, Projektor und Leinwand
Kerzen im Kerzenhalter
Sterne aus Goldfolie oder anderem Material
Strohsterne

Äpfel (echt oder Dekomaterial in natürlicher Farbe)
Glaskugeln oder andere glitzernde Schmuckgegenstände
Engel aus verschiedenen Materialien (darunter auch schlichte)
Walnüsse (nicht vergoldet!)
Ketten (gebastelt aus Goldpapier oder Dekomaterial)
Zündhölzer

(Zu Beginn steht ein kleiner, ungeschmückter Christbaum gut sichtbar im Raum, aller Schmuck liegt – für die Teilnehmer/innen unsichtbar! – bereit. Overheadfolien oder ein Liedblatt ermöglichen das Mitsingen der angegebenen Lieder.)

★ Szene 1

(*Einleitung*)

Sprecherin 1: Warum feiern Christen Ereignisse aus dem Leben von Jesus wie Geburt, Auferstehung, Himmelfahrt mit einem Fest?

Sprecherin 2: Psalm 103, Vers 2 fordert uns auf »*Lobe den Herrn, meine Seele, und vergiss nicht, was er dir Gutes getan hat !*« Wir neigen dazu, Gottes Hilfen und Gaben im Alltag schnell zu vergessen. Im Bitten und Klagen sind wir wesentlich ausdauernder als im Loben und Danken. Darum feiern Juden und Christen die großen Heilstaten Gottes mit Festen, die unsere Erinnerung wach halten. Die äußere und innere Gestaltung der kirchlichen Feste ist dabei von großer Bedeutung.

Sprecherin 1: Warum lohnt es sich, den Christbaum und seinen Schmuck einmal genauer zu betrachten?

Sprecherin 2: In 2. Mose 12, 26-27 werden die Juden ermahnt: »*Wenn eure Kinder zu euch sagen werden: ›Was habt ihr da für einen Brauch?‹, sollt ihr sagen ...*«

Heute kann man die unwissenden Kinder noch mit Nachbarn, Freunden, Ausländern erweitern. D. h. wir sind als Christen mehr denn je gefordert, in einer »neuheidnischen« Welt über den Sinn und die Hintergründe christlicher Feste Auskunft geben zu können.

Sprecherin 1: Ist ein Christbaum für das Weihnachtsfest so wichtig?

Sprecherin 2: Die Juden haben Religion und Alltag sehr handgreiflich und hautnah miteinander verknüpft.
Z. B. wurden Gedenksteine im Jordan aufgestellt, nachdem das Volk Israel durch den Fluss gegangen war (Josua 4).
Beim Passafest gibt es zur Erinnerung an den überstürzten Aufbruch in Ägypten immer noch ungesäuerte Fladenbrote.
Diese Erinnerungsstücke, Symbole, Gespräche, Riten hielten biblische Aussagen wach und machten sie verständlicher.
Evangelische Christen sind gegenüber den Juden oder Katholiken arm an Bildern, Symbolen, Riten. Um so wichtiger ist es, wenigstens die vorhandenen Möglichkeiten auszuschöpfen und damit den Sinn eines Festes wieder tiefer und lebendiger werden zu lassen.

★ Szene 2

(Das Christfest)

Sprecherin 1: Was bedeutet Weihnachten für Christen?

Sprecherin 4: Die zentrale Aussage des Weihnachtsfestes kommt in einem unserer bekanntesten Weihnachtslieder zum Ausdruck: »Welt ging verloren, Christ ward geboren!« Dieses großartige, ein-

malige Geschehen versuchte man schon dadurch auszudrücken, dass der 24. Dezember der einzige Tag im Jahr ist, der im christlichen Kalender zwei verschiedene Namen bekam: Adam und Eva und Heiligabend. So wird hervorgehoben, dass mit der Geburt von Jesus die Zeit- und Weltenwende begann!
Durch Adam, den ersten Menschen, kam mit der Übertretung des Gebotes Gottes die Sünde in die Welt. (Er aß wie Eva im Paradies von der verbotenen Frucht.) Die vertrauensvolle Gemeinschaft zwischen Gott und seinen Geschöpfen wurde zerstört.
Was der erste Adam für sich und seine Nachkommen verlor, brachte Christus, der »zweite Adam« wieder: »*Wie nun durch die Sünde des Einen die Verdammnis über alle Menschen gekommen ist, so ist auch durch die Gerechtigkeit des Einen für alle Menschen die Rechtfertigung gekommen, die zum Leben führt*« (Römer 5, 18)
Die Basis des Weihnachtsfestes und damit auch des Christbaumes bildet also der Sündenfall und der Baum des Lebens im Paradies. Vor diesem dunklen Hintergrund leuchtet das Weihnachtsevangelium um so heller auf. Vielleicht wäre dieses Fest nicht so verweltlicht, wenn diese Tatsache bewusster wäre.

Lied: *O du fröhliche, o du selige* (EG 44), Verse 1–3

★ Szene 3

(Der Christbaum)

Sprecherin 1: Wie entstand der Brauch, Christbäume aufzustellen?

Sprecherin 5:	Es gibt immer noch viel Literatur, in der die Herkunft des Christbaumes aus den heidnisch-germanischen Wintersonnwendriten beschrieben ist. Neuere Forschungen ergeben jedoch, dass die Wurzeln des Christbaumes in den spätmittelalterlichen Paradiesspielen zu finden sind. Zu den Requisiten dieses Spiels um Paradies, Sündenfall und Vertreibung gehörte auch ein grünes Bäumchen, das mit Äpfeln (Paradiesfrucht) behängt wurde. Über die Weihnachtsfeiern der Zünfte, bei denen kleine Tannenbäumchen mit Äpfeln, Nüssen, Brezeln, Papierblumen geschmückt und von den Kindern geplündert wurden, kam der Weihnachtsbaum allmählich in die Wohnzimmer. Der echte Weihnachtsbaum mit Lichtern wird ab dem 18. Jahrhundert erwähnt, als man begann, den Paradiesbaum mit den ebenfalls verbreiteten Pyramidenleuchtern zu kombinieren. Es ist dabei kein Zufall, dass wir uns gerade eine Tanne bzw. Fichte in unser Weihnachtszimmer holen. Der Christbaum als »stummer Prediger«, kommt schon in dem bekannten Weihnachtslied zum Ausdruck:
Lied:	*O Tannenbaum, o Tannenbaum*, Verse 1–3
Sprecherin 1:	Was kann uns der Christbaum sagen?
Sprecherin 2:	Der Baum spricht zuerst durch seine Farbe: Grün ist d i e Farbe des Lebens und der Hoffnung. Im Gegensatz zu unseren Laubbäumen lebt die Tanne auch gut sichtbar im Winter. Immerwährendes, ewiges Leben schenkte Gott den Menschen im Paradies, als sie den ständigen und direkten Zugang zum Baum des Lebens hatten. Seit dem Sündenfall ist uns dieser Zugang verwehrt. Das begrenzte Leben, der Tod, wird uns an vielen Stellen immer wieder schmerzlich bewusst. Darum haben Menschen zu allen Zeiten

immer wieder Wege gesucht, »paradiesische Zustände« zu schaffen oder den Tod zu besiegen. Beides ist für uns jedoch absolut unmöglich. Aus seiner Liebe und Gnade heraus hat Gott für uns aber wieder einen Zugang geschaffen:

In Offenbarung 21,3 steht die Vision:
Siehe da, die Hütte Gottes bei den Menschen!

Und in Offenbarung 22,2-3 lesen wir die Verheißung: *Mitten auf dem Platz und auf beiden Seiten des Stromes Bäume des Lebens, die tragen zwölfmal Früchte, jeden Monat bringen sie ihre Frucht, und die Blätter der Bäume dienen zur Heilung der Völker. Und es wird nichts Verfluchtes mehr sein.*

In diesen Visionen wird Gottes Ziel für uns deutlich: Ewiges Leben, enge Gemeinschaft mit ihm, umfassendes Heil.
Der Weg zu diesem Ziel ist Jesus Christus.
Darauf weisen uns zwei weitere Merkmale des Christbaumes hin:

Sprecherin 3: Der Christbaum wird gefällt und damit zum Sterben bestimmt. Schäden in der Umwelt, sterbende Wälder haben uns alle etwas sensibler für den Umgang mit der Schöpfung gemacht. Mancher fragt sich, ob es noch vertretbar ist, junge, gesunde Tannenbäume abzuhauen, nur um einige Tage zur Dekoration zu dienen. Der Baum im Blumentopf erfreut sich steigender Beliebtheit. Das ist erfreulich, wenn auch das Schlagen der Christbäume forstwirtschaftlich weiterhin vertretbar ist. Als Botschafter spricht jedoch gerade der abgehauene Baum:

Ehe Jesus Christus für uns der Heiland und Erlöser werden kann, muss er sich all seiner Macht, Herrlichkeit und Gewalt entäußern. Aus dem Herrn wird ein Knecht, aus dem König ein

Kind. Um Sünde und Tod zu besiegen, führt der Weg von der Krippe zum Kreuz. Jesus kam in diese Welt, um zu sterben. Darum kommen schon in vielen Weihnachtsliedern die Begriffe »Lamm«, »Blut«, »Schuld«, »Kreuz« vor und sagen uns: Weihnachten ist eine besondere Form der Osterverkündigung. Z. B. :

Lied: *Fröhlich soll mein Herze springen* (EG 36), Verse 1 + 4

Sprecherin 4: Die enge Verbindung zwischen Krippe und Kreuz ist am Christbaum noch an einer weiteren Stelle zu erkennen: Deutlicher als bei anderen Bäumen ist hier in jedem Zweig die Form des Kreuzes zu erkennen!

★ Szene 4

(Der Christbaumschmuck)

(Der Christbaum wird nun schrittweise geschmückt. Nachdem die Bedeutung des Schmucks genannt ist, werden jeweils einige Kerzen, Sterne etc. an dem Baum befestigt, so dass er am Ende in festlichem Kleid erstrahlen kann.)

Sprecherin 1: Welcher Christbaumschmuck ist nicht nur schön, sondern auch aussagekräftig?

(Kerzen bereit halten)

Sprecherin 5: Die Kerzen sind zu Recht eines der typischsten Kennzeichen der Advents- und Weihnachtszeit! Sie weisen hin auf den, der von sich sagt: »Ich bin das Licht der Welt« (Johannes 8, 12). Seit der Geburt von Jesus scheint dieses Licht in die Finsternis unserer Welt. Durch die Kerzen wird das »schon da« (Gottes Reich) und »noch nicht«

(Vollendung), das wir ständig erleben, optisch verdeutlicht. In die große Dunkelheit aus Schuld, Angst, Schmerzen, Ungerechtigkeit brach klein und unscheinbar wie eine einzelne Kerze Gottes Reich der Gnade, Freude, Gerechtigkeit und des Heils herein. Nun gilt für die Menschen die Aufforderung Jesajas (60, 1-2): » *Mache dich auf und werde licht; denn dein Licht kommt, und die Herrlichkeit des Herrn geht auf über dir.*«
Der zunehmende Lichterglanz während der Adventszeit von der 1. bis zur 4. Kerze bis hin zur Lichterfülle am Baum kann Hinweis auf den Weg der Heilsgeschichte sein. Das Reich Gottes wird größer, die Lichtträger unter den Menschen immer mehr, bis einmal alles in wunderbarem Licht erstrahlen wird.

(Sterne bereit halten)

Sprecherin 2: An den meisten Christbäumen werden Sterne in irgendeiner Gestaltungsform als Schmuck hängen. Die Sterne erinnern uns vor allem an die Weisen aus dem Morgenland, die durch den Stern zur Krippe nach Bethlehem geleitet wurden. Der Stern weist aber auch direkt auf Jesus hin: *»Es wird ein Stern aus Jakob aufgehen.«* (4. Mose 24, 17) oder in Offenbarung 22,16 sagt Jesus von sich: »*Ich bin ... der helle Morgenstern.*«

(Strohsterne bereit halten)

Sprecherin 3: Wenn die Sterne aus Stroh bestehen, weisen sie außerdem darauf hin, dass Jesus nicht in einer prunkvollen Wiege auf zarten Daunen lag, sondern so, wie es im beliebten Lied »Ihr Kinderlein kommet« heißt: Da liegt, es das Kindlein,
auf Heu und auf Stroh ...

Lied: *Ihr Kinderlein kommet* (EG 43), Verse 1 + 3

(Äpfel bereit halten)

Sprecherin 4: Wenn diese echten oder künstlichen Äpfel am Christbaum hängen, wird der enge Zusammenhang zum Baum des Lebens und zum Sündenfall besonders deutlich. Für uns alle ist ja mit der Geschichte von Adam und Eva im Paradies das Bild des Apfels fest verbunden, obwohl über die Art des Baumes nichts bekannt ist. In der Bibel wird nur von einer Frucht gesprochen. Dass dies in unserer Vorstellung keine Orange etc. ist, sondern gerade der Apfel, geht evtl. auf ein mittelalterliches Wortspiel zurück: Malu e malo. Übersetzt heißt das: »Das Böse aus dem Apfel.«

(Goldschmuck bereit halten)

Sprecherin 5: Glaskugeln, Rauschgoldengel und Lametta sind als Christbaumschmuck sehr beliebt. Alles Wertvolle, Glänzende erinnert an die reichen Gaben der Weisen aus dem Morgenland. Sie brachten dem neugeborenen König der Juden kostbare Geschenke. An diese soll der funkelnde Schmuck erinnern.

(Engel bereit halten)

Sprecherin 2: Engel waren die Boten, die den Hirten auf dem Feld die frohe Botschaft verkündigten: Euch ist heute der Heiland geboren! Engel sind Mittler zwischen Gott und den Menschen. Dabei tritt der Bote immer hinter die Botschaft zurück. Wenn wir Engel basteln oder kaufen, sollten wir daran denken, dass sie alles andere als niedliche, pausbäckige Wesen sind. Mit gutem Grund werden sie in der Bibel verschiedenartig und lückenhaft beschrieben und beginnen ihre Rede meist mit: »Fürchtet euch nicht!«

(Nüsse bereit halten)

Sprecherin 3: Nüsse begegnen uns heutzutage mehr auf dem Nikolausteller und weniger am Christbaum. Dabei ist es durchaus sinnvoll, den Baum damit zu schmücken: »Gott gibt uns die Nüsse, aber aufknacken muss man sie selbst«, sagt schon ein Sprichwort.
Und im Mittelalter sah man in Nüssen und Mandeln das Sinnbild für Gottes Wort. In einer harten, scheinbar wertlosen Schale liegt ein süßer Kern verborgen. Wenn man Kleinkindern eine Nuss gibt, stecken sie diese in den Mund. Sie schmecken nur die hölzerne Schale und werfen die ganze Nuss weg. Der Mensch muss erst lernen, durch die Schale hindurch zu dringen, um dann den Kern genießen zu können. Ebenso geht es uns mit Gottes Wort und in gleicher Weise ist das göttliche Weihnachtsgeschehen eingebettet in die armselige Umgebung eines Stalles.

(Ketten bereit halten)

Sprecherin 4: Der Brauch, silberne Ketten um den Baum zu hängen, ist aus Spanien zu uns gekommen. An einer großen Kirche in Toledo, der einstigen Hauptstadt Spaniens, hängen viele schwere Ketten. Mit solchen Ketten wurden einst die von den Mohammedanern gefangenen Christen angeschmiedet. Nach langen, schweren Gefangenschaftsjahren wurden die Gefangenen durch Christen-Fürsten losgekauft. Als Zeichen dieser Erlösung hängten die Befreiten ihre Ketten an die Kirche. So hat uns auch Jesus erlöst und befreit aus der Macht des Bösen. Ketten am Christbaum sind ein Hinweis auf die Erlösung durch Jesus, die mit seiner Geburt begonnen hat.

★ Szene 5

(Abschluss)

(Die Kerzen am Christbaum werden angezündet, die Raumbeleuchtung verringert.)

Sprecherin 1: Jetzt sehe ich den Baum mit seinem Schmuck mit anderen Augen an! Er ist nicht nur eine Dekoration, sondern ein Prediger des Weihnachtsevangeliums.

Lied: *Am Weihnachtsbaume die Lichter brennen,* Verse 1 – 4

Schöne Bescherung

Ein fast normales Weihnachtsfest

★ **Anzahl der Spieler:** 8

★ **Zielgruppe:**
alle (geeignet für einen Weihnachtsfamiliengottesdienst)

★ **Dauer:** 20–25 Minuten

★ **Inhalt:**
Am Weihnachtsabend geht fast alles schief. Obwohl alle Äußerlichkeiten nicht so klappen wie geplant, erlebt die Familie ein schönes Weihnachten. Sie besinnt sich auf den eigentlichen Sinn von Weihnachten.

Erzähler: Weihnachten ist das Fest der Feste, das weiß heutzutage jedes Kind. In den Fenstern sieht man Kerzen und Lichterketten, alles riecht nach Zimt und Räuchermännchen, in den Fußgängerzonen stehen Weihnachtsbäume. Alle Häuser strahlen bunt und warm. Und nicht zu vergessen: In den Spielzeuggeschäften gibt es die neuesten Puppen, Gameboy-Spiele, Puzzles und Rennautos zu kaufen.

Weihnachten ist das Fest der Feste – auch bei den Birnbaums. Papa Birnbaum kauft jedes Jahr einen großen Tannenbaum, den er am Heiligen Abend festlich schmückt. Mama Birnbaum backt die leckersten Plätzchen, stopft eine riesige

Weihnachtsgans und legt die Geschenke heimlich unter den Weihnachtsbaum. Dabei ist sie fest davon überzeugt, dass ihre Kinder immer noch an den Weihnachtsmann glauben. Doch die sind natürlich schlauer: Die Buben, Michael und Dennis, sind längst aus dem Alter raus. Auch Evelyn ist sich nicht mehr ganz so sicher, ob es den Weihnachtsmann wirklich gibt. Sie hat nämlich gehört, wie die Mama im Geschäft nach dem Teddybär gefragt hat, den sie auf ihrer Wunschliste für den Weihnachtsmann hatte. Nur der kleinen Damaris kann man solche Märchen noch weismachen. Bei den Birnbaums ist Weihnachten immer ein tolles Fest: Erst zündet der Vater die Kerzen am Baum an, dann erzählt er die Weihnachtsgeschichte. Danach singen sie zusammen, und anschließend stürzen sich alle auf die Geschenke und danach auf die Gans.

Dieses Jahr wäre Weihnachten bei den Birnbaums fast wieder das Fest der Feste geworden. Aber eben nur fast ...

Mama: *(putzt gerade mit einem Lappen den Wohnzimmertisch, der neben dem Weihnachtsbaum steht)* Matthias, kommst du bitte mit dem Baumschmuck? Du musst dich beeilen, sonst werden wir nicht mehr rechtzeitig fertig.

Papa: *(kommt mit einem Karton in den Händen ins Zimmer)* Ja, ja, ich beeile mich schon. *(stellt den Karton auf den Tisch und macht ihn auf)* So, hier sind die Kugeln und die Kerzen für den Weihnachtsbaum. *(erschreckt)* Ach du meine Güte!

Mama: Was ist denn los? Was hast du?

Papa: *(stammelt)* Die Kugeln, die Kugeln ...

Mama: Was ist mit den Kugeln? *(schaut in den Karton, erschreckt)* Aber die Kugeln! Die Kugeln sind ...

Papa:	Na, das sage ich doch. Die Kugeln sind kaputt, total kaputt.
Mama:	Das hat uns gerade noch gefehlt. Wo sollen wir bloß am Heiligen Abend neue Kugeln herbekommen?
Papa:	Das war bestimmt einer von den Jungs. Na warte, die können was erleben.
Mama:	Ach Matthias, lass doch! Davon werden die Kugeln auch nicht wieder ganz.
Papa:	Dass du aber auch immer die Kinder ...
Damaris:	*(stürmt ins Zimmer, weint)* Mama, Mama, Evelyn hat gesagt, dass es keinen Weihnachtsmann gibt.
Mama:	*(schaut ihren Mann fragend an)* Aber natürlich gibt es den Weihnachtsmann. Du hast ihm doch selbst einen Wunschzettel gemalt.
Evelyn:	*(kommt durch die offene Tür ins Zimmer)* Ach ja? Und warum liegt dann der Teddybär, den ich mir vom Weihnachtsmann gewünscht habe, schon unten im Keller?
Papa:	Ja weißt du, das ist so ... Also, wie soll ich das erklären?
Mama:	*(schnell)* Der Weihnachtsmann war dieses Jahr ein bisschen zu früh dran. Da hat er den Teddybär einfach im Keller abgestellt.
Evelyn:	Das glaube ich nicht. Ihr habt uns angelogen. Es gibt nämlich gar keinen Weihnachtsmann.
Mama:	*(wirft wütend und traurig ihren Staublappen auf den Tisch)* Na toll! Dieses Jahr geht auch alles schief.

Papa: Das ist doch alles halb so wild. Ich fahre schnell in die Stadt und kaufe noch ein paar Kugeln ein und du kümmerst dich inzwischen um die Gans. *(geht aus dem Zimmer)*

Damaris: Und was ist jetzt mit dem Weihnachtsmann?

Evelyn: Du bist so dumm! Es gibt gar keinen Weihnachtsmann.

Mama: *(wütend)* Evelyn! Sei jetzt bitte still und geh in dein Zimmer!

Evelyn: Immer bin ich an allem schuld. *(geht weinend aus dem Zimmer)*

Mama: *(streichelt Damaris über den Kopf)* Und du meine Kleine räumst jetzt dein Zimmer auf, damit es schön sauber ist, wenn der Weihnachtsmann kommt.

Michael: *(läuft aufgeregt ins Zimmer)* Ach Mama, denkst du etwa, wir glauben immer noch an den Weihnachtsmann?

Mama: Ihr geht mir langsam auf die Nerven mit eurem Weihnachtsmann! Was ist denn los, Michael? Warum bist du so aufgeregt?

Michael: Du musst schnell kommen. Dennis ist hingefallen und blutet am Kopf

Mama: Was? Wo ist er denn?

Michael: Draußen bei dem ...

Dennis: *(kommt weinend ins Wohnzimmer, hält sich den Kopf)* Mama, Mama, ich verblute.

Mama:	So schlimm wird es schon nicht sein. Zeig erst mal her! *(schaut sich seinen Kopf* an) Tut es arg weh, mein Schatz?
Dennis:	Und wie! Ich bin voll auf den Kopf geflogen.
Mama:	Wie konnte das denn passieren? Was hast du bloß gemacht?
Dennis:	Micha und ich haben draußen einen Schneemann gebaut. Ich wollte gerade die kleine Kugel oben draufsetzen, da ...
Michael:	Da ist er ausgerutscht und auf den Kopf gefallen.
Dennis:	Stimmt gar nicht! Du lügst! Du hast mir das Bein gestellt.
Michael:	Nein, du bist von ganz allein ausgerutscht. Es ist glatt draußen.
Mama:	Jetzt hört aber sofort auf, euch zu zanken. Heute ist Weihnachten. Dennis, ich muss dich auf jeden Fall zum Doktor bringen. Ich glaube, die Wunde muss genäht werden. Michael, wenn du schon zu groß für den Weihnachtsmann bist, dann bist du ja auch groß genug, um nach der Gans zu schauen. In einer halben Stunde musst du den Backofen ausschalten. *(geht aus dem Zimmer)*
Michael:	Okay, alles klar. Das mache ich schon. *(fasst seine kleine Schwester an der Hand)* Komm, Damaris, wir räumen jetzt dein Zimmer auf.
Damaris:	Dann kommt aber der Weihnachtsmann, oder?
Michael:	Wenn du meinst ... *(beide gehen aus dem Zimmer)*

Erzähler: So chaotisch war es schon lange nicht mehr an Weihnachten bei Birnbaums zugegangen. Es schien alles schief zu gehen, was nur schief gehen konnte. Evelyn saß auf ihrem Bett und spielte die beleidigte Leberwurst, weil Mama sie geschimpft hatte. Dabei hatte sie doch Recht gehabt: Es gibt keinen Weihnachtsmann. Nebenan half Michael der kleinen Damaris, ihr Zimmer aufzuräumen. Als sie fertig waren, sah es aus, als hätte eine Bombe eingeschlagen. Dann kam zwar nicht der Weihnachtsmann, dafür kam Papa Birnbaum nach Hause.

Papa: *(kommt ins Wohnzimmer, riecht mit der Nase in der Luft)* Was stinkt denn hier so? Woher kommt das bloß? Komisch, das riecht irgendwie total verbrannt. Liebling, wo bist du? Hallo, ist denn niemand zu Hause?

Mama: *(betritt hinter ihm das Zimmer, dahinter Dennis mit einem Pflaster am Kopf)* Da bist du ja wieder, Matthias. Hast du noch ein paar Kugeln bekommen? *(riecht ebenfalls in der Luft)* Aber was riecht denn hier so komisch?

Papa: Das habe ich mich auch gerade gefragt. Ich glaube fast, das kommt aus der Küche. Das wird doch wohl hoffentlich nicht ...

Mama: *(entsetzt, schlägt die Hände über dem Kopf zusammen)* Die Gans! Meine Gans! *(rennt in die Küche)*

Papa: *(sieht das Pflaster an Dennis' Kopf)* Was ist denn mit dir passiert? Wo kommst du jetzt überhaupt mit Mama her?

Dennis: Wir waren beim Doktor. Micha hat mir nämlich beim Schneemannbauen das Bein gestellt.

Papa: Ist es arg schlimm? Zeig mal.

Dennis: Der Doktor musste die Wunde nähen. Ich habe aber nicht geweint. Ich habe ganz fest die Zähne zusammengebissen.

Papa: Prima, mein Junge. Da warst du wirklich tapfer. *(dreht sich um und sieht seine Frau, die völlig entsetzt wieder ins Zimmer kommt)*

Mama: *(stammelt)* Die Gans ... Die Gans ist ...

Papa: Was ist mit der Gans?

Mama: Schwarz – kohlrabenschwarz verbrannt!

Papa: O weh, und da ist nichts mehr zu machen?

Mama: Nein, die Gans ist total verbrannt. Da braucht man schon ein Gebiss aus Stein, um die essen zu können.

Dennis: Und was gibt's dann heute Abend zu essen? An Weihnachten gibt's doch immer Gans.

Mama: Dieses Jahr ist eben nicht jedes Jahr. *(verzweifelt, fängt an zu weinen)* Dieses Jahr geht alles schief.

Papa: *(geht zu ihr, tröstet sie)* Dann essen wir halt nur Brot. Das ist doch besser als nichts, Schatz.

Mama: Du hast ja Recht. *(wischt sich die Tränen ab)* Hast du wenigstens Kugeln für den Baum bekommen?

Papa: Nein, die meisten Geschäfte hatten schon zu. Und bei den anderen waren alle Kugeln verkauft. In der ganzen Stadt gab es keine mehr. Ich habe alles abgesucht.

Mama: Das ist ja wieder ein ganz tolles Weihnachten! Alles geht schief. *(geht traurig aus dem Zimmer)*

Dennis: Wie wär's, wenn wir ein paar bunte Wollreste von Mamas Wolle an den Baum hängen. Dann ist er wenigstens nicht ganz so kahl.

Papa: Besser als nichts. Und ein bisschen Lametta vom letzten Jahr haben wir ja auch noch.

Erzähler: Not macht erfinderisch – auch die Birnbaums. Papa Birnbaum schmückt also mit seinen beiden Söhnen Michael und Dennis den Weihnachtsbaum mit allem, was er finden kann. Mama Birnbaum schmiert inzwischen ein paar belegte Brote. Dann steigt die Spannung. Die Kinder müssen ins Bad, während Mama und Papa die Geschenke unter den Weihnachtsbaum legen. Als die große Bescherung endlich losgeht, ist die Freude groß ...

(Mama und Papa sind bereits im Wohnzimmer.)

Damaris: *(stürmt als erstes ins Zimmer)*
Guckt mal, der Weihnachtsmann war doch da.

Evelyn: Das war nicht der Weihnachtsmann.
Das war Mama.

Mama: Evelyn, fängst du schon wieder damit an?

Evelyn: Meinen Teddybär hast du jedenfalls im Geschäft gekauft.

Papa: Jetzt ist es gut. Heute ist Weihnachten. Da wollen wir uns nicht streiten. Dein Teddy kommt aus dem Geschäft, und das Puppenhaus von Damaris kommt vom Weihnachtsmann.
Und damit basta!

Michael: O schau mal, Dennis, was ich bekommen habe – ein Gameboy-Spiel.

Dennis:	Und ich habe ein ferngesteuertes Auto bekommen. Genau das, was ich mir gewünscht habe.
Onkel Klaus:	*(kommt fröhlich ins Zimmer)* Frohe Weihnachten euch allen!
Mama:	Frohe Weihnachten, Klaus.
Dennis:	Hey, Onkel Klaus, hast du schon mein neues ferngesteuertes Auto gesehen?
Onkel Klaus:	Wie denn? Ich bin doch gerade erst gekommen.
Papa:	Frohe Weihnachten, Klaus. Das können wir wirklich gebrauchen.
Onkel Klaus:	Wieso, was ist denn los?
Papa:	Du hättest heute hier sein sollen. Ich sage dir, Bruderherz, du hast echt etwas verpasst.
Onkel Klaus:	Wieso, hat der Weihnachtsmann die Hausnummer verwechselt, oder was ist los?
Mama:	Hör bloß mit dem Weihnachtsmann auf. Damit hat der ganze Ärger angefangen. Evelyn hat der Kleinen erzählt, es gibt keinen Weihnachtsmann. Da habe ich sie geschimpft und sie war beleidigt. Dann musste ich mit Dennis zum Arzt, weil er beim Spielen auf den Kopf gefallen ist …
Onkel Klaus:	War es schlimm?
Mama:	Nein, zum Glück nur eine kleine Platzwunde.
Papa:	Und ich bin durch die ganze Stadt gefahren und habe Kugeln gesucht, weil die alten kaputt sind. Das Ergebnis siehst du ja. *(zeigt auf den Baum)* Und zur Krönung ist die Gans auch noch total

	verbrannt. Deshalb gibt es belegte Brote als Weihnachtsessen. Tolles Weihnachtsfest, oder?
Onkel Klaus:	*(lacht)* Das ist doch alles halb so schlimm.
Mama:	Was gibt's denn da zu lachen? Also ich kann dabei nichts Komisches finden. Schließlich ist heute Weihnachten.
Onkel Klaus:	Doch, doch, ich finde das sogar sehr komisch – eine richtig schöne Bescherung! Genau so sollte Weihnachten sein.
Papa:	Was meinst du damit? Das verstehe ich nicht.
Onkel Klaus:	Ich will es euch erklären. Kommt, setzt euch mal alle hin und hört mir zu. Ich will euch eine Geschichte erzählen. *(setzt sich, die Birnbaums setzen sich um ihn herum auf die Sessel und den Boden und lauschen gespannt, was Onkel Klaus* zu *erzählen hat)* Also, am allerersten Weihnachtsfest auf der Welt ging es ganz genauso zu wie bei euch. Es ging alles, aber auch wirklich alles schief. Josef und Maria waren auf dem Weg in Josefs Heimatstadt. Die beiden waren ein bisschen spät weggekommen, und deshalb war es auch schon dunkel, als sie in Bethlehem ankamen. Da waren natürlich schon alle Hotels ausgebucht. Das Problem an der Sache war, dass Maria schwanger war und jeden Augenblick ihr erstes Baby bekommen konnte. Also blieb ihnen nichts anderes übrig, als in einem Stall zu übernachten. Da war es mindestens so schlecht aufgeräumt wie in euren Zimmern.
Evelyn:	Und was war mit dem Weihnachtsbaum? Hatten sie wenigstens einen schönen Baum mit vielen bunten Lichtern und Kugeln?

Onkel Klaus: Ja, mit dem Baum das war so eine Sache. Josef und Maria hatten keine Kugeln und auch keine Kerzen. Alles, was sie hatten, war eine Krippe und vielleicht noch eine Mistgabel. So schön gemütlich wie bei euch hatten es die beiden nicht. Und von einer Gans konnten Josef und Maria nur träumen. Ich glaube, ihre Brote waren noch nicht einmal so dick belegt wie eure.

Dennis: Aber wenigstens hat sich keiner von ihnen den Kopf beim Schneemannbauen verletzt.

Onkel Klaus: Da hast du bestimmt Recht, Dennis. Aber so erschöpft, wie du vom Spielen und Toben immer bist, waren die beiden auch. Immerhin sind sie kilometerlang unterwegs gewesen – und das ohne Auto! Da haben ihnen die Füße ganz furchtbar weh getan. Und die Maria hat in der Nacht ihr Kind bekommen – und kein Doktor weit und breit, der ihr dabei helfen konnte.

Damaris: Und was war mit dem Weihnachtsmann?

Onkel Klaus: *(lacht)* Der Weihnachtsmann ist in dieser Nacht nicht gekommen. Aber dafür ist jemand anderes gekommen: der Herr Jesus. Und der hat auch ein Geschenk mitgebracht – das schönste und beste und teuerste Geschenk, das es überhaupt gibt.

Michael: Und was soll das für ein Geschenk sein?

Onkel Klaus: Ganz einfach: er selbst. Er hat sich selbst mitgebracht. Er hat nämlich dich, Michael, und euch, Dennis, Evelyn und Damaris, und alle Kinder auf der ganzen Welt so lieb, dass er euer Freund sein will. Er will euer bester Freund sein. Deshalb ist er am ersten Weihnachtsfest der Welt auf die Erde gekommen. Obwohl alles schief gegangen ist.

Erzähler: Die Birnbaums waren plötzlich ganz still und dachten über das nach, was ihnen Onkel Klaus über das Weihnachtsfest erzählt hatte. So viele Pannen wie in diesem Jahr hatten sie noch nie an Weihnachten erlebt. Aber wie viele Pannen passieren jeden Tag überall auf der Welt? Wie viel machen die Menschen verkehrt? Wie viele Gänse lassen sie anbrennen? Wie viele schöne bunte Kugeln machen sie jeden Tag kaputt? Und trotzdem, trotz alledem dürfen sie Weihnachten feiern. Weil Jesus an Weihnachten auf die Welt gekommen ist – gerade wegen unserer Pannenserie.

Onkel Klaus: Dieses Jahr ist zwar ziemlich viel in die Hose gegangen, aber nächstes Jahr ist ja wieder Weihnachten. Dann könnt ihr wieder ein ganz normales Weihnachtsfest feiern.

Die Herbergssuche

★ **Anzahl der Spieler:** 4
(Mutter C., Tochter K., Sohn F., alter Mann W.)

★ **Zielgruppe:** alle

★ **Dauer:** 8 Minuten

★ **Bühnenbild**:
Einige Stühle hintereinander aufstellen als Bus.
Auf der anderen Seite der Bühne eine große Topfpflanze als Baumersatz, unter dem der alte Mann sitzt.

★ **Besonderer Hinweis:**
Diese Geschichte kann auch als Sketch gespielt werden.

★ **Inhalt:**
Eine Familie kommt vom Weihnachtsgottesdienst und begegnet einem alten Mann, der kein Zuhause an Heiligabend hat. Sie nehmen ihn mit und kommen so der ursprünglichen Weihnachtsgeschichte sehr nah.

K: Mama, wann sind wir endlich zu Hause?

C: Wenn wir den Bus da vorn noch erwischen, dann dauert es nicht mehr lange. *(Sie steigen ein.)*

C: So, geschafft! Na, wie hat euch der Weihnachtsgottesdienst gefallen?

F: Ganz gut. Besonders die Geschichte mit dem Jesuskind.

K: Also, wenn wir damals gelebt hätten und Maria und Josef wären in unserer Gegend auf Herbergssuche gewesen, dann hätten sie nicht im Stall übernachten müssen.

C: Wo denn sonst?

K: Natürlich bei uns zu Hause im schönsten Zimmer. Und Jesus hätte mein Baby-Bett bekommen.

F: Und von mir meinen Teddy-Bär,
damit er besser schlafen kann.

C: Das ist ja sehr lieb von euch. Aber Gott hat sich sicher etwas dabei gedacht, dass Jesus ganz armselig zur Welt kommen sollte und nicht etwa in einem Haus oder gar Palast. Später sagte ja Jesus selbst von sich:
»Der Menschensohn ist nicht gekommen, dass er sich dienen lasse, sondern dass er diene und gebe sein Leben zu einer Erlösung für viele« (Mt 20, 28).

K: Ja schon, aber trotzdem hätten wir ihn aufgenommen.

C: Kommt jetzt, wir müssen aussteigen, Kinder: Es ist noch ein ganz schöner Fußmarsch bis nach Hause.

F: Hoffentlich ist die Seeräuberinsel bei den Weihnachtsgeschenken dabei, und die kleinen Legosteine.

K: Meinst du, ich bekomme das Barbie-Pferd und die Bücher und ...

C: Langsam, langsam, Kinder. Ich bin erst mal froh, wenn wir endlich im warmen Zimmer sind. Es ist heute wirklich furchtbar kalt und jetzt fängt es auch noch an zu schneien.

F: Ich friere schon!

C: Seht mal, da vorne unter dem Baum sitzt ein Mann. Es sieht aus, als ob er schläft. Mal sehen, was da passiert ist.

K: Ach Mama, wir wollen doch heim!

F: Vielleicht ist es ein Räuber, der uns überfallen will!

C: Unsinn. Ein Räuber bei der Kälte und dazu noch auf dem Boden? Nein, nein, ich schau mal nach.

(Die Mutter schüttelt den Mann an der Schulter, der daraufhin erschrocken hochschaut.)

W: Was ist los?

C: Sie waren wohl eingeschlafen, guter Mann. Ist Ihnen etwas passiert?

W: Ich wollte meine Tochter besuchen, die hier im Ort wohnt. Es sollte eine Überraschung werden. Aber leider war sie nicht zu Hause und ich machte mich auf den Rückweg zum Bahnhof. Dabei bin ich dann auf einer vereisten Pfütze ausgerutscht und habe mir den Knöchel verstaucht. Vor Erschöpfung muss ich wohl eingeschlafen sein.

C: Das hätte aber böse ausgehen können. Sie sind ja ganz durchgefroren. Kommen Sie, ich helfe Ihnen auf und dann gehen Sie mit zu uns, um sich erst mal aufzuwärmen. Wir wohnen nicht weit weg von hier.

W: Übrigens, ich heiße Josef Wagner. Vielen Dank für Ihre Hilfe. Wissen Sie, meine Frau ist schon lange tot und ich habe nur noch meine Tochter. Aber leider wohne ich zu weit weg und wir sehen uns nur selten.

(Während die Mutter stützend neben dem alten Mann hergeht, tuscheln die Kinder hinter ihrem Rücken.)

K: Das schöne Weihnachtsfest ist verdorben.

F: Ja, mit einem fremden Mann.

(Zu Hause angekommen, wird der alte Mann auf einen Stuhl gesetzt und das Bein hochgelegt. Die Kinder schauen murrend zu.)

F: Wann gibt es endlich die Geschenke?

C: Habt noch etwas Geduld, Kinder, bis ich Herrn Wagner versorgt habe.
Seht mal, diese Geschichte erinnert mich irgendwie an Maria und Josef. Auch sie sind weit herumgelaufen und standen vor verschlossener Tür. Sicher waren sie müde und hungrig wie dieser Mann hier. Und – wolltet ihr nicht dem Jesuskind das schönste Zimmer im Haus geben? Das könnt ihr jetzt tun.

K: Wie denn?

C: Jesus hat selbst einmal gesagt: »Was ihr getan habt einem unter diesen meinen geringsten Brüdern, das habt ihr mir getan!«

(Die beiden Kinder schauen sich an, lächeln und nicken sich zu. Dann nehmen sie eine Schale mit Weihnachtsgebäck und geben sie dem alten Mann mit den Worten:)

Alle: Fröhliche Weihnachten, Herr Wagner!

Krippen-spiele

Nach Bethlehem - eine Reise zum Licht

★ **Anzahl der Spieler:** 23
(Sprecher, Lokführer, 3 Kinder, 3 Jugendliche, 3 Erwachsene, 2 alte Menschen, 3 Hirten, 3 Weise, 2 Engel, Maria, Josef)

★ **Zielgruppe:**
alle (geeignet für einen Weihnachts-Familien-Gottesdienst)

★ **Dauer (ohne Lieder):** ca. 30 Minuten

★ **Besonderer Hinweis:**
Der Raum sollte als Zugabteil hergerichtet werden.
In einem zweiten Bereich sollte eine Krippenszene aufgebaut sein, die aber nicht von Anfang an erkennbar sein sollte.

★ **Inhalt:**
Weihnachtsgeschichte mit Rahmenhandlung: Es steigen nach und nach immer mehr Menschen in einen Zug ein, die mit allen möglichen Problemen oder Sorgen beladen sind. Die Menschen im Zug machen eine Reise nach Bethlehem und werden dabei verändert.

Sprecher: Es ist Nacht. Die Menschen haben sich in ihren Häusern zur Ruhe gelegt. Alles ist friedlich und still – so scheint es. Doch der Schein trügt. Einer hat heute wieder eine ganze Menge zu arbeiten.

(Das Licht fällt nun auf eine Anzahl Stühle, die in der Art eines Zugabteils aufgestellt sind. Von hinten betritt nun jemand dieses Abteil, der als der Lokführer zu erkennen ist.)

Lokführer: So, na dann wollen wir mal wieder.
(Er entfernt das Tuch, das bis jetzt über einem langen Schild hing und wischt mit einem Lappen über die Aufschrift, die da lautet: Sorgenexpress. Während er dann durch die Stuhlreihen des Abteils nach vorn auf seinen Lokführerplatz geht, sagt er:)
Ich bin ja mal gespannt, wie voll ich meinen Zug diese Nacht bekomme. Die meisten meiner Fahrgäste kenne ich inzwischen schon ganz gut – ja manche sind sogar richtige Stammkunden. Und wenn sie alle eingestiegen sind, dann fahren wir und fahren wir und fahren wir, einfach hin und her und manchmal auch nur im Kreis herum. Irgendwann steigen sie dann wieder aus und wenn mein Abteil zum Schluss leer ist, haben wir beide Feierabend. Bis zur nächsten Nacht. Also – los geht's.
(Er legt einen Hebel um, gibt seiner Lok einen Klaps und schon ist das Geräusch einer anfahrenden Lokomotive zu hören, das auch von Kindern durch Zischen erzeugt werden kann. So zischen sie eine kurze Weile dahin, bis:)

Lokführer: Erster Halt: Station – Kinder!

(Es steigen drei Kinder ein, setzen sich mit trauriger Miene und sagen:)

1. Kind: Nie hat jemand richtig Zeit für mich zum Spielen – immer sind alle so furchtbar beschäftigt.

2. Kind: Immer heißt es: Dafür bist du noch zu klein, das kannst du noch nicht, das ist noch nichts für dich.

1. Kind: In der Schule will niemand neben mir sitzen – ich finde keinen Freund.

3. Kind: Hoffentlich vertragen sich Mama und Papa bald wieder. Ich bekomme Angst, wenn sie sich immer so laut streiten.

(Der Zug setzt sich wieder in Bewegung. Nach kurzer Fahrt:)

Lokführer: Nächster Halt: Station – Jugendliche!

(Es steigen drei Jugendliche ein, setzen sich mit trauriger Miene und sagen:)

1. Jugendl.: Wäre ich doch nur schon achtzehn. Ich habe das Gefühl, die Zeit bis dahin will wohl nie vergehen.

2. Jugendl.: Manchmal spüre ich soviel Power in mir, dass es richtig kribbelt. Aber ich weiß dann nicht, was ich mit meiner Kraft tun soll. Das lässt mich manchmal fast explodieren – und meine Eltern auch.

3. Jugendl.: Mein Freund hat mit mir Schluss gemacht. Ich werde bestimmt nie mehr in meinem Leben glücklich.

2. Jugendl.: Wenn ich vor Entscheidungen stehe, weiß ich oft nicht, was nun richtig und was falsch ist. Ich wünschte, es gäbe da etwas, wonach ich mich richten könnte. Es gibt so vieles zu entdecken und auszuprobieren.

(Der Zug setzt sich wieder in Bewegung. Nach kurzer Fahrt:)

Lokführer: Nächster Halt: Station – Erwachsene!

(Es steigen drei Erwachsene ein, setzen sich mit trauriger Miene und sagen:)

1. Erwachs.: Im Betrieb müssen Leute entlassen werden. Hoffentlich bin ich nicht dabei, sonst weiß ich nicht, wie es weitergehen soll.

2. Erwachs.: Mein Mann denkt nur noch an seine Karriere. Die Kinder und ich sehen ihn immer seltener. Dabei bräuchten wir ihn doch oft so nötig.

1. Erwachs.:	Die angeblichen Freunde meines Kindes gefallen mir ganz und gar nicht. Ich habe Angst, dass es durch sie auf die schiefe Bahn gerät und die Verbindung zu mir abbricht.
3. Erwachs.:	Nun habe ich schon die Hälfte meines Lebens hinter mir. Es fällt mir in letzter Zeit immer schwerer, zufrieden zu sein und in dem, was ich mache, einen rechten Sinn zu sehen.

(Der Zug setzt sich wieder in Bewegung. Nach kurzer Fahrt:)

Lokführer:	Letzter Halt: Station – Alte Menschen!

Es steigen zwei alte Menschen ein, Mann und Frau, und setzen sich mit trauriger Miene:)

Alte Frau:	Ich fühle mich manchmal so behandelt, als wäre ich nur noch lästiger Ballast, den man am liebsten los hätte.
Alter Mann:	Mein Leben wird immer einsamer. Es werden immer weniger, die in meinem Alter sind. Meine Frau hat Gott auch schon zu sich heimgeholt. Manchmal wünschte ich mir, er würde auch mich bald zu sich rufen.
Alte Frau:	Ich finde mich in dieser modernen Welt nicht mehr alleine zurecht. Oft bin ich auf fremde Hilfe angewiesen. Das ist mir eigentlich gar nicht recht; ich bin es doch gewohnt, alles selbst zu machen.
Alter Mann:	Es wird wohl nicht mehr allzu lange dauern, dann werde ich vor Gott stehen. Ob er mich aufnehmen wird?

(Der Lokführer dreht sich nach hinten zu seinen Fahrgästen und sagt mitleidvoll:)

Lokführer:	Ich seh schon, heute habe ich meinen Wagen ganz besonders schwer geladen. Und so dunkel wie diesmal war es auch noch nie da hinten. Nicht das kleinste Fünkchen Hoffnung ist zu sehen. Nein – mit euch kann ich heute nicht nur so in der Gegend herumfahren. Mit euch mache ich heute eine Reise zum Licht.
1. Erwachs.:	Eine Reise zum Licht? Wohin soll's denn da geh'n, Meister Lokführer?
Lokführer:	Wartet's nur ab. Ihr werdet schon sehen. Los geht's.

(Der Lokführer legt wieder einen Hebel um, gibt seiner Lok wie schon zuvor einen Klaps und schon ist wieder das Geräusch eines anfahrenden Zuges zu hören. So zischen sie eine kurze Weile dahin, bis ...

... Maria und Josef ihnen über den Weg laufen. Bis auf den Lokführer weiß aber niemand, wer sie sind. Als die Eisenbahn anfuhr, haben sich die beiden auf den Weg durch die Kirche in Richtung aufgebauten Stall begeben. Nun kreuzen sich ihre Wege. Der Lokführer stoppt seine Maschine, um die beiden vorbeizulassen.)

2. Erwachs.:	Was ist los, warum halten wir?
Lokführer:	Wir müssen jemandem den Vortritt lassen. *(Und zu Maria und Josef gewandt fragt er:)* Hallo ihr zwei, ihr seht ja schon recht müde aus. Darf ich fragen, woher ihr kommt und wohin ihr wollt? Vielleicht können wir euch ein Stück mitnehmen?
Josef:	Sei gegrüßt, Lokführer. Wir kommen aus Nazareth und sind auf dem Weg nach Bethlehem. Meine Familie stammt aus dieser Stadt, deshalb müssen wir uns dort für die Volkszählung melden. Kaiser Augustus hat das so befohlen.

Maria: Danke für euer Angebot uns mitzunehmen, aber da vorn sehe ich schon die ersten Häuser von Bethlehem – es würde sich nicht lohnen. Außerdem ist mir euer Gefährt nicht geheuer und weil ich bald ein Kind zur Welt bringen darf, möchte ich mich auf nichts einlassen. Das versteht ihr doch sicher.

Lokführer: Aber natürlich. Also dann weiterhin eine gute Reise.

(Maria und Josef gehen an der Lok vorüber und in einem kleinen Bogen in den Stall. Die Ankunft der beiden im Stall soll aber eher von den Zuschauern unbeachtet geschehen. Dafür wird die Aufmerksamkeit, nachdem Maria und Josef an der Lok vorübergegangen sind, wieder auf den Lokführer gelenkt, der sagt:)

Lokführer: Wenn wir eh schon stehen, schlage ich vor, dass wir eine kurze Rast machen. Ich muss meiner alten Lok etwas Wasser nachfüllen und sie auch sonst noch einmal pflegen und überprüfen – wer weiß, was sie heute Nacht noch leisten muss.

(Der Lokführer geht um seine Maschine herum und tut dabei ganz beschäftigt. Nun wird die Aufmerksamkeit auf den Stall gelenkt, in dem sich Maria und Josef inzwischen ihre Nachtlager eingerichtet haben.)

Maria: Ich bin ja so froh, dass der Wirt uns nun wenigsten hier im Stall übernachten lässt. Viel weiter hätte ich nicht mehr gehen können.

(Josef hilft Maria sich hinzulegen, dann sagt er:)

Josef: Das stimmt. Gott hat uns gesund hier ankommen lassen und uns eine Unterkunft gegeben. Dafür wollen wir ihm danken.

(Josef spricht leise ein kurzes Dankgebet. Dann legt auch er sich nieder.)

Josef: Gute Nacht, Maria.

Maria: Gute Nacht, Josef.

(Es wird nun vom Stall wieder abgelenkt, indem ein Jugendlicher aus dem Abteil sagt:)

1. Jugendl.: Also irgendwie sind mir die beiden bekannt vorgekommen. Mir ist, als hätte ich sie schon einmal woanders gesehen.

2. Kind: Stimmt, so geht es mir auch. Ich weiß nur nicht mehr, wo das war.

2. Erwachs.: Mir sind die beiden aber gar nicht bekannt vorgekommen. Überhaupt finde ich, dass wir nur unsere Zeit vergeuden, wenn wir noch weiter darüber nachdenken. Wann geht es denn nun endlich weiter?

Lokführer: Ein kleines bisschen Geduld noch. Es ist gleich so weit.

(Da ruft ein Kind aus dem Abteil ganz aufgeregt und mit dem Finger in Richtung aufgebauten Stall zeigend, über dem jetzt ein heller Stern hängt:)

3. Kind: Seht doch, was für ein helles großes Licht dort am Himmel steht!

(Alle schauen zum Licht hin.)

1. Alte M.: Ja, du hast Recht. So ein Licht habe ich noch nie gesehen. Da müssen wir hin. Das müssen wir uns genauer ansehen.

Lokführer: Also dann, alles hinsetzen, wir fahren weiter.

(Alle Passagiere setzen sich und schon ist wieder das Geräusch eines anfahrenden Zuges zu hören. So fahren sie kurze Zeit dahin, bis ...

Es treten nun die Hirten mit ihren Schafen auf. Sie schwenken Lichter, um zu signalisieren, dass die Lok anhalten soll. Kaum stehen sie, beschwert sich auch schon wieder der Erwachsene von hinten:)

3. Erwachs.: Was ist denn nun schon wieder los? Warum halten wir denn schon wieder?

Hirte 1: Hallo! Könnt ihr uns mitnehmen? Wir müssen so schnell es geht nach Bethlehem zu dem herrlichen Licht, das da oben am Himmel steht.

Hirte 2: Stellt euch vor, ein Engel hat uns auf dem Feld die Nachricht gebracht, dass unser lang ersehnter Heiland auf die Welt gekommen ist.

Hirte 3: Ja, und zwar heute Nacht. Dort beim Licht soll das Kind in einer Krippe liegen. Wir wollen es willkommen heißen.

Lokführer: Na dann steigt mal ein. Eure Schafe könnt ihr ruhig mitnehmen, es ist genug Platz.

(Die Hirten steigen mit ihren Schafen in das Abteil ein. Der Erwachsene fragt einen Hirten:)

1. Erwachs.: Was sagst du da? Dieser Heiland ist ein Kind?

Hirte 1: Ja, das ist er. Aber ein ganz besonderes. Er ist nämlich der Sohn Gottes.

Hirte 2: Und wir Menschen dürfen mit allem, was uns bedrückt, zu ihm kommen. Er tröstet uns und gibt uns Kraft.

Hirte 3: Ja, sogar unsere Schuld, und wenn sie noch so groß ist, will er auf sich nehmen, damit wir davon befreit sind, wenn Gott uns bei sich aufnimmt. Und er macht dabei überhaupt keine Unterschiede, ob einer jung oder alt, oder

	sonstwas ist. Für Christus, unseren Heiland gehört niemand zum alten Eisen und niemand ist ihm zu jung. Er hat immer für jeden Zeit.
2. Alter Mann:	Befreit von unserer Schuld vor Gott treten? Das hört sich aber gut an. Überhaupt ist eure Freude über die Ankunft von Christus richtig ansteckend.
1. Kind:	Und ich finde es toll, wenn einer immer Zeit für mich hat.
2. Jugendl.:	Aber was kann dieser Heiland denn **mir** bieten?
Hirte 1:	Seine Freundschaft bietet er dir an. Wie ein guter Freund möchte er dich begleiten. In schlechten Zeiten will er dir beistehen.
Hirte 2:	Und wenn du vor schwierigen Entscheidungen stehst, dann darfst du ihn zu allem jederzeit um Rat fragen.
Hirte 3:	Und das schönste dabei ist, dass du immer sicher sein kannst, dass er den größeren Durchblick von euch beiden hat. Er will, dass du dich gut und frei fühlst.
2. Jugendl.:	Hm, so ein Freund fehlt mir, das stimmt. Lokführer, fahr los, ich glaube, dieser Heiland interessiert mich.
Lokführer:	Das machen wir.

(Der Zug setzt sich wieder in Bewegung. Nur dieses Mal ist das Abteil nicht mehr dunkel, sondern hell erleuchtet von den Lampen der Hirten. So fahren sie wieder eine Weile dahin, bis ...
... ein Jugendlicher aus dem Abteil ruft:)

3. Jugendl.:	Schaut mal, die drei da drüben. Die sehen ja echt interessant aus!

(Während der Zug stoppt, nähern sich ihm die drei Weisen. Auch sie haben leuchtende Lampen bei sich.)

Lokführer: Guten Tag, ihr Herren. Wohin führt euch denn die Reise?

1. Weiser: Wir kommen von weit her aus dem Osten und sind schon viele Tage unterwegs auf unserem Weg zum Licht. Dort, wo dieser besonders helle Stern am Himmel steht, muss ein Kind geboren worden sein, das eine so wichtige Bedeutung für die Menschen auf der Welt hat, wie noch keines vorher.

2. Weiser: Und wir kennen uns mit den Himmelslichtern wirklich aus, das könnt ihr uns glauben. Schon seit vielen Jahren beobachten wir Nacht für Nacht mit unseren Fernrohren, was sich da oben so tut.

3. Weiser: Und dann war er plötzlich da, dieser neue leuchtende Stern. Heller als all die anderen und uns war sofort klar, dass er ein Zeichen für die Geburt eines außergewöhnlichen Kindes war. Also haben wir uns aufgemacht, um es zu suchen und bei uns auf der Erde zu begrüßen und mit unseren Geschenken zu verehren.

1. Hirte: Ein außergewöhnlichen Kind sagt ihr? Da habt ihr völlig Recht. Denn wenn dieses Kind einmal groß ist, schenkt es jedem, der ihm vertraut, die Vergebung seiner Schuld.

2. Hirte: Und den Sieg über den Tod. Wir dürfen bei ihm in Gottes Königreich weiterleben. Etwas Schöneres und Wichtigeres kann es für uns Menschen doch gar nicht geben.

1. Weiser: Stimmt! Euch ist die frohe Nachricht also auch schon bekannt?

Lokführer: Wollt ihr den Rest des Weges mitfahren?

2. Weiser: Warum nicht. Um so schneller kommen wir an unserem Ziel an.

(Die drei Weisen steigen in das Abteil und der Zug nimmt seine Fahrt wieder auf. Das Abteil ist hell erleuchtet und alle unterhalten sich miteinander. Es herrscht eine lebendige Atmosphäre. Der Lokführer sagt zur Gemeinde:)

Lokführer: Ist das nicht wunderbar, wie ansteckend die Freude und die Begeisterung über die Geburt von Jesus sein kann. Wir sind noch gar nicht am Licht angekommen und doch hat sich mein Abteil schon in eine Art Festwagen verwandelt, in dem sich alle über die Ankunft unseres Heilands freuen.

(Eine Schar Engel, die die ganze Reisegesellschaft mit einem Lied empfängt, zeigt an, dass der Zug nun in Bethlehem am Stall angekommen ist. Der Zug hält. Nach dem Lied, das die Engel gesungen und mit Flöten begleitet haben, sagt ein Engel:)

Engel 1: Seid willkommen alle zusammen. Ihr einfachen Hirten, mit denen sonst niemand etwas zu tun haben will. Hier seid ihr gern gesehen. Ihr edlen Weisen, die schon vieles erforscht haben. Hier macht ihr eure wichtigste Entdeckung. Ihr erlebt die Liebe Gottes, indem er den Menschen seinen Sohn als Retter schickt. Und ihr alle aus dem Sorgenexpress. Hier findet ihr den, der auch als Freund Rat und Halt geben will.

Engel 2: Kommt mit, wir führen euch zur Krippe.

(Alle steigen aus und folgen den Engeln. Die ganze letzte Szene am Stall ist hell erleuchtet, durch die Lampen der Hirten und der Weisen. Auch die ehemals traurigen Passagiere des Lokführers haben inzwischen Lichter in ihren Händen.
Als sie beim Stall angekommen und sich um die Krippe herum versam-

meln, sagt der Jugendliche, dem Maria und Josef vorhin am Bahnübergang schon bekannt vorgekommen sind:)

1. Jugendl.: Maria und Josef, ich wusste doch, dass ich euch kenne. Ich hatte nur vergessen woher. Und da ist ja Jesus. Ich habe das Gefühl, ich entdecke mit dir einen alten Freund wieder neu. Denn dich als Freund zu haben, ist wohl doch das Beste, das mir passieren kann. So viel Freude wie auf der Reise hierher zum Licht habe ich noch nie erlebt. Von nun an bleiben wir in Verbindung.

3. Weiser: Auch wir werden dich nie mehr vergessen, Kind des mächtigsten Königs. Als Zeichen unserer Verehrung haben wir dir Geschenke aus unserem fernen Land mitgebracht.

(*Die drei Weisen gehen ab, indem sie sich seitlich von der Krippe für das Schlussbild aufstellen.*)

1. Hirte: Wir sind ja so froh, dass du nun gekommen bist. Du bist bei uns herzlich willkommen.

2. Hirte: Wir werden immer an dich denken und von dir erzählen, so oft wir nur können.

3. Hirte: So, nun müssen wir wieder auf die Weide zurück. Doch von der heutigen Nacht an können wir unsere Arbeit, und wenn sie noch so schwer ist, mit einem leichten und frohen Herzen tun. Denn wir wissen, dass unser Heiland und Retter auf die Welt gekommen ist.

(*Auch die Hirten mit ihren Schafen gehen ab, indem sie sich wie die 3 Weisen seitlich von der Krippe aufstellen, dann sagt der Lokführer zu Jesus gewandt:*)

Lokführer: Danke, Jesus, ohne dich hätten wir heute keine Reise zum Licht machen können. Eine Reise, die bei dir ihr Ziel hat. Aber schon als wir noch

unterwegs waren, haben sich meine traurigen Mitfahrer verwandelt in Menschen voller Hoffnung und Freude. Sie haben sich einfach anstecken lassen von den Menschen, die etwas Tolles mit dir erlebt haben.
(Und zu seinen Mitfahrern gewandt sagt er:)
So, alles einsteigen bitte. Bald beginnt ein neuer Tag. Ich wünsche euch alles Gute – bis zur nächsten Fahrt im Sorgenexpress.

1. Erwachs.: Ich glaube, da kannst du lange warten, bis du uns wieder siehst. Nachdem, was wir heute erlebt haben, brauchen wir keine Fahrten mehr, die uns nur im Kreis herum führen. Diese eine Reise zum Licht erfüllt uns für unser ganzes Leben mit genug Freude und Hoffnung.

Lokführer: Also dann, nach Hause!

(Alle Lichter gehen aus. Das Spiel endet hier.)

Am Ende des gesamten Gottesdienstes könnten an die Gemeinde am Ausgang kleine Lichter zum Mitnehmen verteilt werden.
Als Liedmotiv, das sich durch das ganze Spiel hindurchzieht, und als Abschlusslied, könnte die Melodie vom Lied »Ein Licht geht auf« (L. f. d. J. 344) dienen.

Die Krippenfiguren

★ **Anzahl der Spieler:** 18
(8 Kinder , Maria, Josef, Esel, 3 Hirten – evtl. auch 1 Schaf –, 3 Weise, 1 Stern)

★ **Zielgruppe:**
alle (geeignet für einen Familien-Weihnachtsgottesdienst)

★ **Dauer (ohne Lieder):** ca. 25 Minuten

★ **Requisiten:**
Eingepackte Krippenfiguren (nummeriert), Tisch, Verkleidung der Spieler, eine große Krippe

★ **Besonderer Hinweis:**
Die Krippenfiguren sind entweder in riesigen Paketen oder Schachteln verpackt und treten aus ihrer Verpackung, wenn sie an der Reihe sind – oder mit dem Öffnen der Päckchen (in Normalgröße) treten die Spieler aus dem Hintergrund oder aus der Dunkelheit oder hinter einer Sichtblende hervor und treten dann in Aktion.

★ **Inhalt:**
Kinder öffnen Weihnachtsgeschenke, aus jedem Geschenk kommt eine Krippenfigur und fängt dann an zu erzählen, was sie mit der Weihnachtsgeschichte zu tun hat.

1. Kind: Ach, endlich ist Heiligabend. Du, ich habe mich auf Weihnachten ja schon soo gefreut. Ich finde die Geschenke sind das Allerbeste. Was hast du dir denn gewünscht?

2. Kind:	Och, so 'ne ganze Menge. Aber das Dumme – da muss man immer auch die andern beschenken, Oma, Opa, die Eltern. Na ja, das mache ich ja noch ganz gerne, aber dann muss ja noch Tante Inge was bekommen und Onkel Peter, der immer bloß an einem herummeckert.
3. Kind:	Das finde ich auch eine komische Einrichtung! Warum muss man sich eigentlich beschenken?
4. Kind:	Das weiß ich auch nicht.
5. Kind:	Na, das gehört eben zu Weihnachten dazu!
6. Kind:	He, schaut mal, da – der Tisch! Der ist ja voll mit Paketen! Los, kommt! Wir packen die aus. Ich zuerst!
7. Kind:	Aber das nächste will ich auspacken.
6. Kind:	*(ungeduldig)* Ja doch! *(packt aus)* Mensch, was ist denn das? – Eine Frau? Schaut mal!
Maria:	Ja, ich bin Maria! Mit mir hat die Weihnachtsgeschichte angefangen. Damals kam der Engel Gottes zu mir und sagte: Fürchte dich nicht, Maria, Gott will dich beschenken. Du sollst die Mutter des Gottessohnes werden, des Heilandes und Erlösers für alle Menschen. Er soll zuerst als ganz kleines hilfloses Kind auf die Welt kommen.
1. Kind:	*(zu 7. Kind)* Pack weiter aus! Was kommt jetzt? – Ein Mann? – Ach ja, zu einem Kind gehört ja auch ein Vater. Vielleicht ist er das! Aber wer ist das eigentlich?
Josef:	Ich heiße Josef. Ja, ich konnte zuerst gar nicht verstehen, was Maria von dem Weihnachtsgeschenk Gottes sagte. Das wollte ich ihr einfach

nicht glauben, vor allem das mit dem Engel nicht. So was gibt es doch gar nicht! ...
Aber dann habe ich es selbst erlebt. Gottes Engel erschien mir im Traum und sagte: Was Maria dir erzählt hat, ist wirklich wahr, und du, Josef, sollst der Vater des Jesuskindes hier auf dieser Erde werden.
(Josef stellt sich beiseite zu Maria.)

2. Kind: Jetzt kommt aber dies Paket dran! – Was ist denn das? Ein Tier? – Ein Esel? – Na, das hat mit Weihnachten nun wirklich nichts zu tun. – Und ein Weihnachtsgeschenk ist das bestimmt nicht. Den leg ich beiseite!

Esel: Halt, nein! Ich gehöre wirklich dazu. Ich war damals ganz wichtig!

Josef: Wie hätten wir ohne unseren lieben Esel wohl den weiten Weg von Nazareth nach Bethlehem schaffen sollen, wo Maria doch so müde war und das Jesuskind bald geboren werden sollte.

Esel: Wir mussten doch auf die Wanderschaft, weil Kaiser Augustus das so bestimmt hatte. –
Ach ja, das war sehr, sehr mühsam.

Josef: Da war der Esel uns eine solche Hilfe, ein richtiges Weihnachtsgeschenk von Gott.
(Esel tritt beiseite zu Maria und Josef.)

(Hier kann ein Lied eingefügt werden.)

3. Kind: Seht nur, was ich jetzt hier ausgepackt habe! – Ein kleines Baby in einem Bettchen. – Ob das das Jesuskind ist?

4. Kind: Klar. – Aber das Bettchen sieht ja komisch aus! Das ist wie eine Futterkrippe. Im Wald hab ich mal so etwas gesehen, als wir die Rehe bei der

Fütterung im Winter beobachtet haben. Aber für so ein kleines Kind als Wiege??? – Das versteh ich nun gar nicht!

5. Kind: Da hätte man aber auch was anderes finden können!

Maria: Nein, denkt euch, es gab wirklich nichts Besseres für das Kind, den Sohn Gottes. Wir fanden in Bethlehem keinen Platz in der Herberge. Wie froh waren Josef und ich, dass wir endlich in einem Viehstall unterkommen konnten. So kam Gottes Sohn ganz arm auf die Welt.

(Hier kann ein Lied eingefügt werden.)

6. Kind: *(zu 7. Kind)* Und was hast du da ausgepackt?

7. Kind: Ein Mann ist das. Aber der sieht anders aus als Josef. Der hat ja ein Schaf unter'm Arm.

8. Kind: Und hier ist auch ein Schaf!

2. Kind: ... hier ist noch eins! Was soll denn das?

3. Kind: Das muss ein Schäfer oder so was sein.

1. Hirte: Das bin ich! Ich war ein Hirte in Israel. Da galt man nicht viel unter den Leuten, und wenige wollten mit einem zu tun haben. Es war ein hartes Leben – immer bei der Herde draußen. Sogar nachts musste man Wache halten, wegen der wilden Tiere und Räuber. Tja – ja, da war man recht einsam.

(tritt beiseite zu den andern »Figuren«)

4. Kind: Schau mal, hier, das muss auch ein Hirte sein. Der hat wohl ein Instrument in der Hand?

2. Hirte: Also die Nacht, die werde ich nie vergessen. Es war seltsam. Schon am Abend waren die Schafe irgendwie unruhig. Und dann – in der Nacht – da wurde es plötzlich ganz hell. Das war nicht die Sonne oder der Mond oder eine Rakete. Viel viel heller! Und aus dem grellen Licht klang eine Stimme. Ich blinzelte und konnte eine leuchtende Gestalt sehen. Mir war ganz komisch zu Mute. Aber die Stimme sagte: Fürchtet euch nicht. Ich soll euch von Gott eine große Freude verkündigen. Euch ist heute der Heiland geboren, Gottes Sohn, in Bethlehem in einem Stall.

(tritt beiseite zu den andern)

5. Kind: Das war also wohl Gottes Weihnachtsgeschenk auch für die Hirten, die sonst kein Mensch so richtig lieb hatte. Für die ist auch Gottes Sohn auf die Erde gekommen.

6. Kind: Hier hab ich noch einen. – Das muss auch ein Hirte sein. Aber was macht der denn? – Der kniet ja!

7. Kind: Der ist bestimmt gerade aus dem Schlaf aufgewacht, als der Engel kam.

3. Hirte: Nein, – ach das war ganz anders! Als wir die Nachricht von dem Gottesboten hörten, da sind wir so schnell wir konnten zum Stall gelaufen. Wir wollten doch sehen, ob das alles stimmt, oder ob wir geträumt hatten. Aber es war wirklich so. Da lag er in einer armseligen Krippe, ganz arm – so wie wir. Ein hilfloses kleines Kind! – Und da sind wir auf die Knie gefallen und haben nur staunen, danken und anbeten können.

(tritt beiseite zu den andern)

8. Kind: Dann haben wir ja jetzt die ganze Weihnachtsgeschichte zusammen. Und Gottes großes Weihnachtsgeschenk ist für alle Menschen da.

1. Kind: Auch für uns und hier in ...

(Hier kann ein Lied eingefügt werden.)

2. Kind: Aber da sind ja noch drei Pakete! Was mag da drin sein?

3. Kind: Ach, lass doch die! – Was soll da schon drin sein?

4. Kind: Ich will aber trotzdem nachsehen ...
(packt aus) Wieder ein Mann! – Aber sieh mal, der sieht toll aus!

5. Kind: Was der für einen tollen Mantel anhat. Der muss bestimmt reich sein. – Nee, der passt bestimmt nicht in die Weihnachtsgeschichte zu den Hirten und so in den Stall!

1. Weiser: Ihr werdet euch wundern. Ich kam damals aus einem fernen Land. – Wie ich von der Geburt des Gottessohnes erfuhr, wollt ihr wissen? Gott hat mich durch einen Stern gerufen. Der erschien neu am Himmel und unsere alten Bücher sagten uns, dass er einen großen König in Israel ankündigen soll, – und da haben wir uns aufgemacht, – ich, und ... Ja wo bleiben denn die anderen?

6. Kind: *(flüsternd zu den andern Kindern)*
Schnell, packt die andern beiden aus!

2. Weiser: Ja, da bin ich! Oh, das war damals ein weiter beschwerlicher Weg, nicht so wie heute, mit dem Intercity-Zug oder dem Auto!

3. Weiser: Wir hatten ja auch Geschenke mit. Aber trotzdem schickte der König Herodes uns fort. Wir hatten nämlich zuerst bei ihm im Palast angefragt. Er wollte aber nichts von einem König wissen. Ich glaube, er hatte Angst, er würde vom Thron herunter müssen.

(Die Weisen treten beiseite zu den andern.)

7. Kind: Ich hab hier noch etwas gefunden! Das war zwischen das Papier gerutscht.

8. Kind: Ein Stern!!

Stern: Ja, da bin ich wieder. Ich hatte in Gottes Auftrag die Weisen aus dem fernen Land gerufen. Nun wies ich ihnen den Weg nach Bethlehem. So fanden auch sie zum Sohn Gottes, denn er ist Gottes Weihnachtsgeschenk für alle Menschen – auch für die, die noch nichts von ihm gehört haben.
Und weil Gott selbst in seiner Liebe uns so reich beschenkt hat, darum wollen auch wir uns untereinander Freude machen.

(Hier kann ein Lied eingefügt werden.)

Die zerbrochene Krippe

★ **Anzahl der Spieler:** 10–12
(Vater, Mutter, Kind, Maria, Josef, Jesus, mehrere Hirten,
3 Sterndeuter)

★ **Zielgruppe:**
alle (geeignet für einen Familien-Weihnachtsgottesdienst)

★ **Dauer (ohne Lieder):** 20 Minuten

★ **Requisiten:**
Geldbeutel für Vater, Halskette für Mutter, Taschenmesser für Kind, Tisch, Stuhl, Ranzen, Heft, Sessel, Fernseher, Bett oder Liege, Einkaufstüten, Klebstoff

★ **Besonderer Hinweis:**
2 Szenen werden nebeneinander gespielt, die schlafende Familie, daneben die Krippenszene.

★ **Inhalt:**
Eine Familie schläft ein und wird im Traum an die Krippe geführt. Dort wird jedem einzelnen Familienmitglied das eigene Fehl-Verhalten aufgedeckt und die Familie findet neu zueinander und zu Christus.

★ Szene 1

(Eltern und Kind kommen mit vielen Einkaufstüten nach Hause.)

Kind: Mama, ich will gleich mal die neue Weihnachtskrippe aufbauen.

Mutter:	Nein, erst mal machst du deine Hausaufgaben. Sag mal, habt ihr eigentlich heute eure Mathe-Arbeit zurückbekommen?
Kind:	Nein, immer noch nicht.
Mutter:	Das ist aber seltsam. Bring doch mal den Schulranzen rüber!
Kind:	Au, ich hab ja heute das Meerschweinchen noch nicht gefüttert!
Mutter:	Das verhungert in den nächsten fünf Minuten nicht! Bring jetzt deinen Schulranzen!
Kind:	*(bringt den Ranzen sehr langsam)*
Mutter:	*(reißt den Ranzen aus der Hand):* Wird's jetzt bald? *(macht den Ranzen auf, holt das Mathe-Heft heraus):* Aha, das dachte ich mir doch! *(schaut ins Heft):* Was? Eine 5?
Vater:	Wie bitte? Eine 5? Das wird ja immer schlimmer! Aber das ist ja auch kein Wunder bei deiner Faulheit!
Mutter:	Marsch, sofort an die Hausaufgaben! Das Fernsehprogramm ist für heute gestrichen!
Vater:	Und die neuen Inliner sind für Weihnachten gestrichen!
Kind:	*(setzt sich an den Tisch, mault, weint, fängt mit Hausaufgaben an)* Ich blick das aber doch nicht! *(weint wieder, zuerst laut, dann leiser, schläft ein)*

★ Szene 2

(Vater und Mutter packen die eingekauften Sachen aus.)

Vater: Man muss da einfach mal härter durchgreifen! Du bist viel zu nachgiebig!

Mutter: So? Du kannst leicht gute Ratschläge geben! Wer hat denn jeden Tag den Stress mit den Hausaufgaben? Dann mach du das doch in Zukunft, wenn du's besser kannst, aber für so etwas hast du ja nie Zeit!

Vater: Du weißt genau, dass ich gerade genug Stress im Geschäft habe! Wenn ich mich da jetzt nicht voll reinhänge, steh ich ruck-zuck auf der Straße! Da wird nicht lange gefragt! Da bekommt man höchstens einen Fußtritt hinterher!
(tritt mit dem Fuß gegen eine Einkaufstüte)

Mutter: Mensch, pass doch auf! Das sind doch die neuen Krippenfiguren drin!
(holt Krippe aus der Tüte) Ach nein, jetzt ist sie schon kaputt!

Vater: Na, und! Ich war sowieso dagegen, dass wir für diesen unnötigen Klimbim so viel Geld ausgeben!

Mutter: Unnötigen Klimbim! Du kannst wohl nur an allem rummeckern! Mir reicht's jetzt! Am liebsten wär's mir, Weihnachten würde dieses Jahr abgeschafft werden. Nichts als Stress hat man damit! Ich geh jetzt ins Bett! Ich hab sowieso schon den ganzen Tag Kopfweh!
(geht, legt sich hin, schläft ein)

Vater: *(macht den Fernseher an, setzt sich mit Bierflasche davor)*

(Im Fernsehen: O du fröhliche ... / Tagesschau-Melodie ...)

Tagesschau-Sprecher: Guten Abend meine Damen und Herren! Zunächst unser Themenüberblick: Keine Besserung der Arbeitsmarktlage für das nächste Jahr in Sicht ...
(wird immer leiser)

Vater: *(schläft ein)*

★ SZENE 3

(Sphärenmusik, Beleuchtung von vorn)

(Maria, Josef und die Hirten kommen langsam zum Stall. Sie setzen sich bzw. stehen oder knien um die Krippe.)

1. Sterndeuter: *(kommt suchend her, sieht das Kind, geht zu ihm und weckt es)*
Wo ist der neugeborene König der Juden? Wir haben seinen Stern gesehen und sind gekommen, ihn anzubeten.

Kind: Der neugeborene König? Meinst du Jesus? Das ist doch klar, wo der ist! Der liegt in der Krippe im Stall. Haben wir heute doch gekauft!

1. Sterndeuter: Dann geh mit mir zur Krippe! *(Die beiden gehen zum Stall hinter die Leinwand.)*

Alle: *(singen)* Stern über Bethlehem ... (Str. 1)

1. Sterndeuter: *(legt sein Geschenk in die Krippe, kniet nieder)*
König der Könige, nimm mein Geschenk gnädig an: Es ist kostbares Gold.

Kind: König der Könige, ich habe leider nichts dabei, was ich dir schenken kann.

Jesus: Doch!

Kind: *(kramt in den Hosentaschen)*!
Ach ja – mein neues Taschenmesser.

Jesus: Nein! Ich wünsche mir von dir etwas anderes!

Kind: Was denn?

Jesus: Schenke mir deine letzte Mathearbeit.

Kind: Aber das war doch eine 5!

Jesus: Eben deshalb kannst du sie mir geben! Und noch etwas dazu: Die Antwort, die du deiner Mutter gegeben hast, als sie nach der Arbeit gefragt hat.

Kind: Aber das war doch – gelogen!

Jesus: Ja, gib mir das alles: deine Schwierigkeiten in der Schule, deine Angst vor Mathe-Arbeiten, deine Lügen, den Krach mit den Eltern und mit den Lehrern ... Denn für dich und für alle, denen es so geht, bin ich in die Welt gekommen. Kommt her zu mir, die ihr mühselig und beladen seid. Ich will euch erquicken.

Alle: *Ich steh an deiner Krippen hier (Str. 1)*

★ Szene 4

Vater sitzt schräg vor dem Fernseher und schläft.

2. Sterndeuter: *(kommt suchend her, sieht den Vater, geht zu ihm und weckt ihn)*

	Wo ist der neugeborene König der Juden? Wir haben seinen Stern gesehen und sind gekommen, ihn anzubeten.
Vater:	Der neugeborene König? Meinen Sie dieses Jesuskind? Das ist doch lange her und weit weg! In Bethlehem in einem Stall soll es geboren sein vor 2000 Jahren.
2. Sterndeuter:	Dann gehen Sie bitte mit mir dort hin!
Vater:	*(stutzt zuerst, steht doch auf, geht mit ihm zur Krippe)*
Alle (singen):	*Stern über Bethlehem ... (Str. 1)*
2. Sterndeuter:	*(legt sein Geschenk in die Krippe, kniet nieder)* König der Könige, nimm mein Geschenk gnädig an. Es ist kostbarer Weihrauch!
Vater:	Ich habe leider nichts dabei.
Jesus:	Doch!
Vater:	*(zieht Geldbeutel aus der Tasche, öffnet ihn)* Mal sehen, vielleicht ...
Jesus:	Nein! Ich wünsche mir von dir etwas ganz anderes.
Vater:	Was denn?
Jesus:	Schenke mir alles, was du heute mit deiner Frau gesprochen hast.
Vater:	Hmm, das war aber nicht viel – eigentlich waren es nur Vorwürfe und Ausreden – wir haben in letzter Zeit fast nur noch im Streit miteinander gesprochen ...

Jesus: Gerade deshalb sollst du es bei mir loswerden – und noch etwas dazu:
Gib mir auch die Worte, die dein Chef neulich zu dir gesagt hat.

Vater: Aber das ist es ja, was mich so wütend macht.

Jesus: Genau! Gib mir die Wut, den Ärger, die bösen Worte.
Ich bin gekommen, die Sünder zu rufen und nicht die Fehlerlosen.

Alle: *Wann oft mein Herz vor Kummer weint ... (Str. 5)*

★ SZENE 5

3. Sterndeuter: *(kommt suchend her, sieht die Mutter, geht zu ihr hin und weckt sie)*
Wo ist der neugeborene König der Juden?
Wir haben seinen Stern gesehen und sind gekommen, ihn anzubeten.

Mutter: Der neugeborene König? Meinen Sie das Jesuskind? Ich weiß schon, wo das ist: In der Krippe im Stall von Bethlehem. Aber ob ich den Weg dorthin zeigen kann? Es ist so lange her, als ich das letzte Mal dort war, bei Jesus.

3. Sterndeuter: Kommen Sie einfach mit! Wir können den Weg gemeinsam suchen.

Alle: *Stern über Bethlehem ... (Str. 1)*

3. Sterndeuter: *(legt sein Geschenk in die Krippe, kniet nieder)*
König der Könige, nimm mein Geschenk gnädig an! Es ist kostbare Myrrhe!

Mutter:	Es tut mir Leid, aber ich kann dir gar nichts geben!
Jesus:	Doch!
Mutter:	*(will ihre Halskette abnehmen)*
Jesus:	Nein, ich wünsche mir von dir etwas ganz anderes.
Mutter:	Was denn?
Jesus:	Gib mir deine Gedanken vor dem Einschlafen.
Mutter:	Ach, da ist aber überhaupt nichts Schönes dabei! Vor dem Einschlafen kommen immer diese Sorgen! Überall gibt's nur Probleme: Mit dem Geld, mit meinem Mann, mit unserm Kind! Und alles hängt an mir! Immer muss ich mich um alles kümmern!
Jesus:	Deshalb gib mir deine Sorgen! Und noch etwas dazu: Deine Gedanken über mich!
Mutter:	Über dich? Also, ehrlich gesagt, ich habe gar keine Zeit, an dich zu denken! Ich bin so im Stress. Und gerade jetzt in der Weihnachtszeit gibt's ja wirklich Dringenderes zu tun! Das heißt ... manchmal frage ich mich, ob das wirklich alles so wichtig ist. Für dich sind wohl ganz andere Dinge wichtig. Und die hab ich nicht!
Jesus:	Macht nichts! Hauptsache, du selbst bist jetzt hier bei mir! Schenk mir einfach dich selbst, so wie du bist. Wer zu mir kommt, den werde ich nicht hinausstoßen.
Alle:	*Ich sehe dich mit Freuden an ... (Str. 4)*

(Licht hinter der Leinwand aus. Kind, Vater und Mutter gehen zurück an ihre Plätze, wo sie schlafen.)

Alle: *Eins aber, hoff ich ... (Str. 5)*

★ Szene 6

Vater: *(wacht auf, schaut sich um, sieht Krippe auf dem Tisch liegen, geht hin, holt Klebstoff aus dem Schulranzen, Kind wacht auf)*

Kind: Was ist? Was machst du?

Vater: Die Krippe ist zerbrochen. Ich will sie kleben.

Kind: Zerbrochen? Ja, klar! Das waren ja auch ziemlich schwere Geschenke, die da drin lagen.

Mutter: *(ist inzwischen auch aufgewacht und hergekommen)* Stimmt! Und deshalb kannst du die Krippe ruhig so lassen. Ich find's gut, dass unser Jesus in einer zerbrochenen Krippe liegt.

Vater: Ehrlich? Hm ... Ich eigentlich auch. Jetzt sieht die Krippe nicht mehr so nach heiler Welt aus.

Kind: Jetzt passt die Krippe besser zu uns!

Alle: *Stern über Bethlehem ... (Str. 2-4)*

Das Licht

★ **Anzahl der Spieler:**
ca. 20 (Ansager, Reporterin Anna Soso, Reporterin Simona Fidelon, Timon, Kameramann, Herr Adullam, Wirt, Frau Adullam, Wirtsfrau, 4 Hirten, Joah, Hirtenjunge, mehrere Hirtenkinder, römischer Soldat, Teenager, Penner)

★ **Zielgruppe:** alle

★ **Dauer:** 30-35 Minuten

★ **Requisiten:**
Diaprojektor, Lichtbild/Dia mit kitschigem Weihnachtsmotiv, kitschige Weihnachtsmusik, 2 Mikros, Kamera, Bibel, Rucksack, Bierflasche, Geldschein, Schwert, Schild

★ **Inhalt:**
Weihnachtsgeschichte mit moderner Rahmenhandlung, ein Fernsehteam entdeckt eine Sensation in Bethlehem.

★ Szene 1

(Lichtbild mit kitschig-klischeehaftem Weihnachtsmotiv an die Wand werfen. Dazu »stilechte« Weihnachtsmusik.
Plötzlich wird das Lichtbild weggezogen, die Musik bricht ab. Gleißend helles Licht – etwa vom Dia- oder Overheadprojektor – fällt auf die Bühne.
Nach einigen Sekunden betritt der Ansager die Bühne, stellt sich genau in dieses Licht.)

Ansager: Meine sehr verehrten Damen und Herren! Wir sind gezwungen, unser geplantes Programm »Weihnachtsmärchen« abzubrechen. Ich bin sicher, Sie werden dafür Verständnis haben. Denn wir wollen Sie vor Ort über ganz unglaubliche Dinge informieren. Wir sind einer regelrechten Sensation auf der Spur. Meine Damen und Herren, wir schalten deswegen sofort live zu unseren Kolleginnen. Ich rufe Anna Soso und Simona Fidelon. Hallo? Wisst ihr schon Genaueres?

(Ansager ab. Diaprojektor-Licht aus. Anna und Simona – mit Mikros – betreten mit Kameramann die Bühne. Wirt und Wirtsfrau stellen sich im Hintergrund auf.)

Anna: Ja, hallo und guten Abend erst einmal. Ich hoffe, die Übertragung ist gut und Sie an Ihren Apparaten daheim verstehen uns. Wir befinden uns hier unweit der Hauptstadt in einem kleinen, unwichtigen Nest. Seit ein paar Tagen steppt hier aber zumindest in den Wirtshäusern der Bär. Den Grund kennen wir alle – vielleicht sitzen auch Sie jetzt in einem übervollen Gasthaus. Die Volkszählung, die seine römische Majestät, Kaiser Augustus, befohlen hat, hat ja eine wahre Volkswanderung ausgelöst.

Simona: Nun wollen Sie – liebe Zuschauerinnen und Zuschauer – sicher wissen, warum wir Sie in diese unwirtliche Gegend entführt haben. Es ist so, dass hier höchst seltsame Dinge geschehen. Ich habe die Ehre, *(winkt Wirt und Wirtsfrau nach vorn zu kommen)*
Ihnen Herrn und Frau Adullam vorzustellen. Herr Adullam, Sie sind Wirt hier?

Wirt: *(stolz)* Jawohl. Wirt und Eigentümer des Hotels »Zur Sonne«. Ein erstklassiges Hotel, praktisch das Beste ...

Simona:	Ich schätze, auch Ihr Gasthaus ist total überfüllt?!
Wirt:	Ja sicher. Deswegen habe ich auch die schwangere Frau und ihren Mann heute Abend weggeschickt. Na ja, die sahen sowieso nicht aus, als könnten sie bezahlen und mein Hotel ...
Simona:	Nun sind heute Abend ja äußerst merkwürdige Dinge geschehen.
Wirt:	Ja, es ist kaum eine halbe Stunde her, da ...
Wirtsfrau:	Wir bedienten gerade in der Gaststube. Dort saßen viele berühmte und mächtige Männer. Einer von ihnen lobte unser Essen und die Betten ...
Wirt:	Er sagte, unser Hotel wäre geradezu erstklassig ...
Simona:	Sehr schön, sehr schön. Aber nun erzählen Sie uns, was Sie gesehen haben!
Wirt:	Ja, ... ähm ...
Wirtsfrau:	Nun ja. Plötzlich ist der Himmel außerhalb unsres Dorfes gleißend hell geworden. Selbst hier im Ort hat man das Licht noch gleißend hell empfunden.
Simona:	Also ein übernatürlich helles Strahlen. Woher kam es?
Wirtsfrau:	Ich weiß nicht recht. Ich würde sagen: Direkt vom Himmel – aus dem Himmel.
Anna:	*(den Zuschauern zugewandt)* Merken Sie? Wir sind hier einer Sensation auf der Spur! Meine Damen und Herren, Ihr ZRF ist natürlich live dabei!

Und die Frage, die sich uns aufdrängt, ist: Haben wir Besuch von Außerirdischen? Ist ein Ufo gelandet? Gab es eine Sternenexplosion? Ist ein Komet im Anmarsch?
(wendet sich dem Wirt zu)
Herr Adullam, in welcher Richtung ist das Licht denn erstrahlt?

Wirt: Es war in dieser Gegend.
(Zeigt in die Ecke, aus der die Hirtengruppe gerade kommt.)
Dort treiben sich meist die Hirten rum – dieses nutzlose Pack!

Anna: Das Licht war also bei den Hirten?

Wirt: Ja, da kommen ein paar von denen.

Wirtsfrau: Ich will bloß wissen, was die hier zu suchen haben. Die sollen doch bei ihren Schafen bleiben – da gehören sie hin!

(Simona stürzt auf die Hirten zu. Kameramann mit. Anna, Wirt und Wirtsfrau bleiben stehen.)

★ Szene 2

Simona: Hey! Hirtenpack! Bleibt mal stehen!

Hirte 1: Wir haben keine Zeit.

Simona: ZRF sendet live. Da werdet ihr doch wohl Zeit haben!

Hirte 1: Nicht mal dann.

Hirte 2: Lasst uns gehen. Ich muss sehen, ob es wahr ist.

Hirte 3: Ich bin so gespannt! Kommt!

(Hirtengruppe wendet sich zum Gehen.)

Simona: Also bitte! Ein wenig Sitte und Anstand könnt doch selbst ihr zeigen. Das würde euren schlechten Ruf wenigstens etwas aufpolieren!

Hirte 4: Gut. – Worum geht's?

Simona: Natürlich um das helle Licht am Himmel. Das könnt ihr euch doch denken! Vor zirka einer halben Stunde war ein übernatürliches helles Licht am Himmel und in eurer Gegend ist es gewesen!

Hirte 4: Ja, das stimmt.

Simona: Ja – und?! Was war es? Eine Sternenexplosion? Ein geheimnisvoller Komet???

Hirte 4: Nein! Etwas viel Herrlicheres!

Anna: *(stellt sich neben Simona)* Also doch ein Ufo!!!

Joah: Es war Gottes Herrlichkeit!

Hirte 3: Joah! Wie oft hab ich dir schon gesagt, du sollst nicht so vorlaut sein!

Hirte 1: Aber es stimmt doch, Elias!

Anna: Was? Das Licht war Gott höchstpersönlich?

Joah: Nein! Es waren seine Boten – die Engel!

Hirte 3: Joah!!!

Hirte 1: Er hat doch Recht! Ja, wir haben ein Stück von Gottes Herrlichkeit gesehen. Aber nicht ihn selbst. Das hätten wir nicht überlebt.

Hirte 2:	Weil wir voll sind von Schuld.
Hirte 4:	Ein Engel hat uns gesagt, wir brauchen uns nicht zu fürchten. Denn er sei gekommen, um uns eine freudige Nachricht zu bringen.
Hirte 1:	Heute Abend ist Gottes Retter für alle Menschen geboren!
Joah:	Er soll in einer Futterkrippe liegen, irgendwo hier in Bethlehem. In einem Stall!!!
Hirte 3:	Dieses Kind ist Gott. Er wird uns retten.
Hirte 2:	Ich frag mich, woher ihr das alle so genau wisst.
Hirte 1:	Wir haben es doch mit eigenen Ohren gehört. Wir haben die Engel mit eigenen Augen gesehen.
Hirte 3:	Wir können uns doch nicht alle täuschen!
Hirte 2:	Das nicht. Aber warum sollte Gott uns Hirten als erste von der Geburt des Retters erzählen? Ausgerechnet uns?
Joah:	Vielleicht, weil wir ihm wichtig sind?!
Simona:	Ihr behauptet also allen Ernstes, das Licht wäre von den Engeln Gottes gekommen?
Joah:	O ja! Und sie waren so hell, dass man die Augen zukneifen musste!
Hirte 4:	Lasst uns endlich zu ihm gehen! Ich will den Retter sehen.

(Hirten rennen davon.)

★ Szene 3

Simona: Gott? Das Licht sollen Gottes Engel gewesen sein? Dass ich nicht lache! Gott?! – Live in unsrer Zeit! Ach, dummes Zeug!

Anna: Herr Adullam, was halten Sie von der Aussage der Hirten?

Wirt: Nichts! Absolut gar nichts. Dieses Hirtenpack ist größenwahnsinnig geworden!

Wirtsfrau: Genau! Wenn Gott seinen versprochenen Retter schickt, werden wir die ersten sein, die es erfahren!

Wirt: Gott wird zuerst die wichtigen Leute informieren!

(Römischer Soldat kreuzt auf.)

★ Szene 4

Soldat: Was war das eben für ein Lärm hier?

Simona: Nichts sonderlich Wichtiges. Nur ein paar verrückte Hirten. Religiöse Spinner.

Soldat: Hirten? Was suchen die nachts hier?

Simona: Was die suchen? Gottes Retter!

Soldat: *(verwirrt)* Ich verstehe nicht ganz ...

Anna: Haben Sie das Licht vorhin am Himmel gesehen?

Soldat:	Sehr wohl! Eine Wachmannschaft ist gerade zum Geschehensort abgerückt.
Anna:	Die Hirten behaupten, Gottes Engel hätten ihnen erzählt, der versprochene Retter sei heute geboren worden.
Soldat:	Retter? Retter von was?
Simona:	Keine Ahnung. Das alles ist völliger Schwachsinn. Oder können Sie uns und unsren Zuschauern weiterhelfen, Herr Adullam?
Wirt:	Gott hat uns versprochen, dass sein Retter über die ganze Erde herrschen wird.
Simona:	Das macht das Thema politisch hoch brisant.
Anna:	Von was errettet der Retter denn?
Wirtsfrau:	Von allem Übel.
Wirt:	Wir müssen jetzt zu unsren Gästen zurück. Es war uns ein Vergnügen. *(verbeugt sich leicht)*

(Wirt und Wirtsfrau ab.)

Anna:	Tja, meine Damen und Herren, ist heute wirklich Gottes Retter geboren? – Was meint denn ein Soldat der römischen Besatzung dazu?
Soldat:	Mir steht es nicht zu, eine offizielle Stellungnahme abzugeben. – Ich muss mir diesen Retter ansehen. Wenn er Gott ist, hat er Macht über alles. Über Könige und Soldaten, Leben und Tod ... Wenn er Gott ist ... Ich muss Meldung machen gehen. *(militärischer Gruß)*

(Soldat ab.)

★ Szene 5

Simona: Verehrtes Publikum! Ich weiß nicht, was in Ihren Köpfen vorgeht. Gott als Mensch geboren. Und das soll die Rettung für alle Menschen sein.

Anna: Entweder, das alles ist totaler Quatsch. Oder aber wir sind einer Sensation auf der Spur. Einer Sensation, die noch ein Geheimnis birgt: ...

Simona: Von was errettet der »Retter«? Wir werden uns bemühen, eine Antwort zu finden und ...

(Teenager mit Rucksack hat die Bühne betreten.)

★ Szene 6

Teenager: Wow!!! Was macht denn das Fernsehen hier? Ist ja stark. Seid Ihr wegen des Lichts gekommen?

Anna: Richtig! Weißt du etwas darüber?

Teenager: Nein. Gerade wollte ich zu den Hirten und sie fragen. Denn bei ihnen war das Licht. Aber dort ist alles abgesperrt und die Soldaten lassen keinen durch.

Simona: Die Hirten sind hier im Dorf. Sie suchen in einem Stall nach Gottes Retter.

Teenager: Waaaas???

Anna: Ja. Die Hirten erzählten von Engeln, die seine Geburt verkündet haben!

Teenager: Gottes Retter ist da? Ich muss ihn finden!

(Will losrennen, Anna hält ihn fest.)

Anna: Halt! Weißt du etwas von diesem Retter? Von was soll er erlösen?

(Teenager holt Bibel aus seinem/ihrem Rucksack. Schlägt sie auf.)

Teenager: In Gottes Brief an uns steht ... Also, vor Jahren hat uns Gott durch Jesaja gesagt, dass ... hier *(zeigt auf Stelle in der Bibel. Jesaja 53,11b)* »Er wird viele gerecht machen und ihre Schulden wird er auf sich nehmen ... (Jesaja 53,12b) – Er wird seine Seele dem Tod preisgeben ...« Ich glaube, Gottes Retter wird uns freimachen von unserer Schuld. Und uns fähig machen, Gottes Gegenwart zu überleben. Er wird uns vom ewigen Tod retten.

Anna: Wie soll das gehen?

Teenager: Indem er die Strafe für unsre Schuld erträgt. Gott wird uns dann nicht mehr mit dem Tod bestrafen. Denn sein Retter wurde für uns gerichtet. Dann ist unsre Schuld weg.

Simona: Das ist Gottes Rettungsaktion?

Teenager: Treffer! Und jetzt muss ich Gottes Retter in dieser Welt begrüßen!

(Teenager rennt davon.)

★ Szene 7

(Penner mit mürrischem Gesichtsausdruck und Bierflasche in der Hand wankt auf die Bühne zu. Während Anna spricht, betritt er die Bühne und schleicht am Bühnenrand herum.)

Anna: Das Geheimnis ist gelüftet. Gott will uns selbst vom Tod befreien. Deswegen ist heute der Retter geboren. – Eine Sensation!

Simona: Völliger Schwachsinn! Meine verehrten Damen und Herren! Warum sollte Gott – wenn es ihn überhaupt gibt – seine Herrlichkeit verlassen? Und ...

(Penner läuft in das Bild.)

Penner: Hi!

Simona: Verschwinden Sie!

Penner: Nö! Ich will ...

Anna: Guten Abend! Könnten Sie wohl aus dem Bild gehen?! Sie stören!

Penner: Das is' nix Neues. Daran bin ich jewöhnt. Störe immer und überall. Bin den Leuten peinlich. Wollen mich loshaben.

Anna: Dann sind Sie sicher schon geübt darin, die Fliege zu machen! Hauen Sie ab!

Penner: Bleib cool, Mädel! Nur eine Fraje noch: Wo ist der Stall, wo Gottes Retter jeboren wurde?

Anna: Gottes Retter?

Penner: Ja, zu dem will ich!

Anna: Bitte? Sie können doch nicht zu ihm!

Penner: Wieso nicht?

Anna: Na hören Sie mal! Wenn er Gott ist, können Sie nicht zu ihm. In Ihrem Aufzug und in Ihrem Zustand!

Penner: Warum?

Simona: Mann! Sie sind betrunken!

Penner: Wenn Gott jekommen ist, um uns zu retten, kann er auch mich retten. Da machen Sie sich mann keene Sorjen! Also, in diese Richtung?

(zeigt in die richtige Ecke)

Anna: *(nickt stumm)*

(Penner wankt davon.)

★ Szene 8

Anna: Nach dieser unerfreulichen, ja ähm Szene, meine Damen und Herren, bitten wir um Entschuldigung ... Wo waren wir doch gleich stehen geblieben?

Simona: Bei der Unvorstellbarkeit, dass Gott selbst seine Herrlichkeit verlässt, um uns zu retten! Warum sollte er das tun? Schließlich muss es sich ja um eine große Herrlichkeit handeln, wenn schon seine Engel so hell strahlen, dass die Nacht zum Tag wird! Die Frage ist und bleibt: Warum?

Timon: Hey, Simona!

Simona: Ja?

Timon: Vielleicht aus Liebe!

Anna und Simona: Bitte???

Timon: Na ja, vielleicht liebt uns Gott zu sehr. Vielleicht kann er aus Liebe nicht ertragen, wie wir unserer Schuld und dem Tod, der daraus folgt, überlassen sind.
Und weil Gott gerecht ist, schickt er den einzigen Retter, der fähig ist, die Schuld und den Tod wegzunehmen – er schickt sich selbst!
Ach, wisst ihr was? Diskutiert ihr allein weiter, ob es wahr ist oder nicht. Ich hab mich entschieden!

(drückt Simona die Kamera in die Hand)

Ich will mich selbst überzeugen! Ich gehe zu ihm!

(Kameramann rennt davon.)

Anna: Timon! Halt! Halt!!!

★ Szene 9

(Anna und Simona stehen ziemlich verdattert da und schauen dem Kameramann nach.)

Simona: Der ist weg!

Anna: Gibt's doch gar nicht! Das soll Timon sein, den sonst nichts aus der Fassung bringt?

(Anna und Simona schütteln beide noch einmal ungläubig den Kopf. Plötzlich reißen sie sich zusammen. Simona nimmt die Kamera und beginnt zu filmen. Anna spricht. Der Wirt taucht auf – von seinem Hotel her.)

Anna: Verehrte Zuschauer! Damit war wirklich nicht zu rechnen. Heute scheint wirklich etwas Außergewöhnliches für uns Menschen geschehen zu sein! Sie merken, wir sind der Sensation dicht auf den Fersen.

(Simona hat während den letzten Sätzen wie wild mit ihrem freien Arm gewedelt, um Anna auf den Wirt aufmerksam zu machen. Anna realisiert das und wendet sich dem Wirt zu.)

Anna: Oh, Herr Adullam! Ich hatte Sie gar nicht bemerkt. Haben Sie Neuigkeiten?

(Während der Wirt zu reden beginnt, betreten der Penner – ohne Bierflasche und glücklich – und Hirte 2, aus Richtung Stall kommend, die Bühne. Sie warten im Hintergrund, bis der Wirt fertig ist.)

Wirt: Ja, allerdings! Ich kann hiermit nur unterstreichen, dass heute wirklich etwas Außergewöhnliches für die Menschheit geschehen sein muss! Gerade eben hat mein Hotel, das ja bekanntlich das Erste am Platz ist und nur den besten Ruf hat, da ...

Anna: Ja???

Wirt: ... also, eben habe ich einen Telefonanruf vom Astronomie-Ministerium im Ausland erhalten. Die Sternkundler persönlich fragten, ob uns hier am Himmel etwas Besonderes aufgefallen wäre. Oder ob einer meiner Gäste etwas beobachtet hätte. Denn meine Gäste sind ja aus allen Ecken und Enden des Landes und sind hochgebildete ...

Anna: Mir scheint, unsere Sensation nimmt ungeahnte Ausmaße an: Nun sind sogar ausländische Sternkundler interessiert!

★ Szene 10

(Penner und Hirte 2 treten vorsichtig vor, halten sich aber noch hinter Annas Rücken.)

Penner: Entschuldigung!

(Anna dreht sich überrascht um. Penner und Hirte 2 treten ins Bild.)

Wirt: Penner- und Hirtenpack! Verschwindet, sonst mach ich euch Beine!

Penner: *(unbeirrt)* Vielleicht haben wir een paar Tipps auf Lager.

Hirte 2: *(begeistert)* Wir kommen gerade vom Stall mit dem Retter! Vom Grund des Lichtes am Himmel!

Penner: Aber zuerst ...

(Der Penner tritt auf den Wirt zu. Er streckt ihm einen Geldschein entgegen.)

Penner: Zuerst, Herr Adullam, will ich anfangen, meene Schulden vom Bierkauf zu bezahle'.

(Der Wirt steht verdutzt da.)

Penner: Da! Nimm schon!
'Tschuldijung, dass ich alle deine Jäste so oft belästigt hab. Das war echt mal falsch!

(Der Wirt nimmt das Geld und stopft es nachdenklich und verwundert in seine Tasche.)

Penner: *(verlegen)* Nu steh nich' so da ... Weißte – ich hab g'rade Gott jetroffen. Er kommt, um mich zu retten! Verstehste, um für mich meine Schuld zu bezahlen! Und das, weil er mich liebt. Mich! Und dich auch, Adullam, alter Junge!
Ich bin so reich ... so reich beschenkt ... mit Liebe und Geborgenheit. Keine Schuld mehr, verstehste?! Das is' Gottes Meinung über mich, weil ich ihn als meinen Retter akzeptiert hab. Schuldfrei! Perfekt in Gottes Aujen! – Da muss ich einfach ... kannste mir verzeihen, Adullam?

(Der Wirt steht sichtlich verwirrt da. Dann fasst er sich.)

Wirt: Ja, ich ... ich denke, das kann ich. Ich glaube, ich habe eines kapiert: Es ist **wirklich** etwas Außergewöhnliches geschehen!
(zu Anna gewandt)
Wenn der Trunkenbold unseres Dorfes eine 360 Grad-Kehrtwende macht!

Hirte: *(enthusiastisch)* Glaubt uns – Gottes Retter ist unglaublich! Wer ihm direkt begegnet, der weiß: Es geht um eine persönliche Beziehung und eine persönliche Entscheidung! »Ja« zu Gottes Retter, oder »Nein«. Jeder Mensch steht vor der Wahl. Gott zwingt niemanden.

Penner: Und wer »Ja« sagt, is' frei von Schuld. **Gott** mit seinem Licht kommt in dein Leben!

Wirt: Wo ist der Stall? Ich will zu ihm!

(Penner und Wirt ab. Hirte 2 dreht sich noch einmal um.)

Hirte 2: Was ist mit euch beiden? Wollt ihr euch nicht auch entscheiden, euch auf den Weg zu ihm zu machen?

Anna: Ihn suchen, Gottes Retter also?

(Hirte 2 nickt.)

Hirte 2: Ja. – Ich meine, es ist deine Entscheidung. Gott zwingt niemanden. Er bietet es dir an.

(Hirte 2 ab)

★ Szene 11

(Anna und Simona allein; kurze, nachdenkliche Pause)

Anna: Man hat also eine Entscheidung zu treffen:
»Ja zu Gottes Retter« oder »Nein«, aus welchen Gründen auch immer.
Gott als Mensch? Gott als Retter?
Geboren als Kind?
Meine Damen und Herren, irgendwas Besonderes muss ja an diesem Kind sein.
Warum sonst sollte seine Geburt so gleißend hell gefeiert werden? Warum sonst sollte es Leben verändern können?
Vielleicht war es aber doch ein Ufo und ...
Ach, ich werde gehen und erleben, ob Gott in unserer Welt lebt. Mich auf den Weg machen und finden ... Gott als Retter ...

(Anna rennt in Richtung Stall davon.)

Simona: Rettung für die Welt. Gott selbst greift ein. Das ist schier unbegreiflich. Ob die Menschen diese Sensation wohl in all ihrer Größe verstehen? Und sie suchen?

(Simona folgt Anna.)

(Diaprojektor anschalten. Gleißend helles Licht auf der Bühne. Nach kurzer Zeit tritt der Ansager in das Licht.)

Ansager: Ja, meine Damen und Herren, das war also die Sensa ... ähm ... Das Aktuellste aus Bethlehem. Wir bitten um Verzeihung, dass unser Programm »Weihnachtsmärchen« mit so viel Verspätung beginnt.
Lehnen Sie sich jetzt also zurück, genießen Sie ... vielleicht haben Sie auch etwas Gebäck zur Hand ...
Einen gemütlichen Abend Ihnen in Ihren warmen Stuben!

(Ansager ab. Lichtbild vom Anfang wieder auflegen, Musik vom Anfang an. Einige Zeit laufen lassen, dann ausblenden.)

Jesus der Retter ist da

★ **Anzahl der Spieler:** 33
(6 Sprecher, 1 Herold, 7 Hirten, Maria, Josef, 12 Kinder, 3 Weise, Herodes, Schriftgelehrter)

★ **Zielgruppe:**
alle (geeignet für eine Weihnachtsfeier in der Gemeinde, z.B. Familienweihnachtsgottesdienst)

★ **Dauer (ohne Lieder):**
ca. 25 Minuten

★ **Inhalt:**
Erzählung der Geburt von Jesus

★ Teil 1

Lied der Gemeinde: *Es ist ein Ros entsprungen (EG 30, Strophe 1-3)*

(Während des Liedes kommen alle Kinder nach vorn.)

1. Sprecher: In jedem Jahr singen wir dieses bekannte Lied, auch schon lange vor Weihnachten. So haben auch schon lange vor der Geburt von Jesus Propheten vorhergesagt, dass der Retter kommen soll. Hier im Lied wird von Jesaja gesungen. Der Liederdichter dachte dabei wohl an Jesaja 11, 1 und 2.

2. Sprecher: »Und es wird ein Reis hervorgehen aus dem Stamm Isais und ein Zweig aus seiner Wurzel Frucht bringen. Auf ihm wird ruhen der Geist des Herrn, der Geist der Weisheit und des Verstandes, der Geist des Rates und der Stärke, der Geist der Erkenntnis und der Furcht des Herrn.«

3. Sprecher: Ich bin ein Mensch aus dem Alten Testament. Sag mir, wann und wie wird der Retter kommen?

1. Sprecher: Auch dazu sagt Jesaja etwas. Er, der Retter wird kommen, wenn alles dunkel ist, wenn jeder nach Hilfe und Rat sucht. So steht es in Jesaja 9, Vers 1,5 und 6.

2. Sprecher: »Das Volk, das im Finstern wandelt, sieht ein großes Licht, und über denen, die da wohnen im finstern Lande, scheint es hell. Denn uns ist ein Kind geboren, ein Sohn ist uns gegeben, und die Herrschaft ruht auf seiner Schulter; und er heißt Wunder-Rat, Gott-Held, Ewig-Vater, Friede-Fürst; auf daß seine Herrschaft groß werde und des Friedens kein Ende auf dem Thron Davids und in seinem Königreich, daß er's stärke und stütze durch Recht und Gerechtigkeit von nun an bis in Ewigkeit. Solches wird tun der Eifer des Herrn Zebaoth.«

1. Sprecher: Dazu schreibt der Prophet Micha im Kapitel 5, 1-4a.

2. Sprecher: »Und du, Bethlehem Efrata, die du klein bist unter den Städten in Juda, aus dir soll mir kommen, der in Israel Herr sei, dessen Ausgang von Anfang und von Ewigkeit her gewesen ist. Er aber wird auftreten und weiden in der Kraft des Herrn und in der Macht des Namens des Herrn, seines Gottes. Und sie werden sicher wohnen; denn er wird zur selben Zeit herrlich werden, so weit die Welt ist. Und er wird der Friede sein.«

1. Sprecher: Ja, Christus will unser Herr sein und werden, mit und in uns leben. So singen wir mit dem Liederdichter Georg Weißel:

Alle Kinder: *Komm, o mein Heiland Jesus Christ,*
meins Herzens Tür dir offen ist.
Ach, zieh mit deiner Gnade ein,
dein Freundlichkeit auch uns erschein;
dein heiliger Geist uns führ und leit,
den Weg zur ew'gen Seligkeit.
Dem Namen dein, o Herr, sei ewig Preis und Ehr.
(EG 1,5)

(Alle Kinder, die vom Lied der Gemeinde bis jetzt gestanden haben, setzen sich nach diesem Lied auf ihren Platz.)

★ Teil 2

4. Sprecher: Ich, und wir alle hier, leben nicht mehr in der Zeit der Propheten. Christus, der Retter, ist geboren. Er wurde Jesus genannt. Lasst uns miteinander sehen, wie die Erfüllung der Verheißung geschehen ist.

(Der Herold liest aus einer Schriftrolle.)

Herold: Ich bin der Herold des Kaisers. Der Kaiser gibt ein Gebot an alle Bürger in Israel. Jeder muss in die Stadt gehen, in der er Besitz seiner Vorfahren hat. Dort soll er sich eintragen lassen, denn das Volk soll gezählt werden.

(Während der Lesung kommen Maria und Josef nach vorn).

5. Sprecher: (Lk 2, 3-7) »Und jedermann ging, daß er sich schätzen ließe, ein jeder in seine Stadt. Da machte sich auf auch Josef aus Galiläa, aus

der Stadt Nazareth, in das jüdische Land zur Stadt Davids, die da heißt Bethlehem, weil er aus dem Hause und Geschlecht Davids war, damit er sich schätzen ließe mit Maria, seinem vertrauten Weibe; die war schwanger. Und als sie dort waren, kam die Zeit, daß sie gebären sollte.«

(Eine Krippe wird vor den Altar gestellt.)

»Und sie gebar ihren ersten Sohn und wickelte ihn in Windeln und legte ihn in eine Krippe; denn sie hatten sonst keinen Platz in der Herberge.«

(Maria zündet die Kerze in der Krippe an.
Maria evtl. im Wechsel mit der Gemeinde:)
Gelobet seist du Jesu Christ, EG 23

Gemeinde: Str. 1 + 3
Maria: Str. 2 + 4

(Bis auf den 5. Sprecher und Maria und Josef treten alle ab.)

(Die Hirten kommen nach vorn und stellen pantomimisch zum Text dar:)

5. Sprecher: »Es waren aber Hirten in der selben Gegend auf dem Felde bei den Hürden, die hüteten des Nachts ihre Herde.
(Scheinwerfer)
Und der Engel des Herrn trat zu ihnen, und die Klarheit des Herrn leuchtete um sie; und sie fürchteten sich sehr. Und der Engel sprach zu ihnen:

6. Sprecher: (Lk 2, 10b-12) *(evtl. von der Kanzel)* Fürchtet euch nicht! Siehe, ich verkündige euch große Freude, die allem Volk widerfahren wird; denn euch ist heute der Heiland geboren, welcher ist Christus, der Herr, in der Stadt Davids. Und das

habt zum Zeichen: ihr werdet finden das Kind, in Windeln gewickelt und in einer Krippe liegen.

5. Sprecher: Und alsbald war da bei dem Engel die Menge der himmlischen Heerscharen, die lobten Gott und sprachen: Ehre sei Gott in der Höhe und Friede auf Erden bei den Menschen seines Wohlgefallens.«

Gemeinde: *Vom Himmel hoch (EG 24, Str. 1-3)*

(Während des Liedes gehen die Kinder mit ihren noch nicht angezündeten Kerzen nach hinten.)

5. Sprecher: Und als die Engel von ihnen gen Himmel fuhren, sprachen die Hirten untereinander:

1. Hirte: Lasst uns gehen nach Bethlehem und die Geschichte sehen, die da geschehen ist, die uns der Herr kundgetan hat.

(Alle Hirten stellen sich an die Krippe.)

2. Hirte: Wir Hirten kamen eilend und fanden beide, Maria und Josef, dazu das Kind in der Krippe liegen.

3. Hirte *(– oder alle Hirten – singt die 1. Strophe des Liedes:) Ich steh an deiner Krippen hier, o Jesu, du mein Leben. Ich komme, bring und schenke dir, was du mir hast gegeben. Nimm hin, es ist mein Geist und Sinn, Herz, Seel und Mut, nimm alles hin und lass dir's wohlgefallen.*

1. Kind: *(von hinten)* Habt ihr gesehen, was die Hirten erlebt haben?

2. Kind: So etwas Tolles haben sie gehört!

3. Kind: Sie gehen los zum Kind, das in einer Futterkrippe liegen soll.

4. Kind: So arm wird Gottes Sohn geboren.

5. Kind: Man muss es kennen lernen.

6. Kind: Lasst uns mit den Hirten gehen!

(Die Kinder kommen langsam nach vorn, während sie das Lied singen:)

Mit den Hirten will ich gehen, meinen Heiland zu besehen, meinen lieben, heilgen Christ, der für mich geboren ist.
Mit den Engeln will ich singen, Gott zur Ehre soll es klingen; von dem Frieden, den er gibt, jedem Menschen, der ihn liebt.
Mit dir selber, mein Befreier, will ich halten Weihnachtsfeier. Komm, ach komm ins Herz hinein, lass es deine Krippe sein.

7. Kind: Wir alle sind gerufen, zur Krippe zu gehen.
Wir alle müssen Jesus kennen lernen. Er will doch mit und unter uns leben.

(Die Kinder stehen nun alle vorn an der Krippe und zünden während des folgenden Liedes ihre Kerzen an der Krippenkerze an. Zuerst die »Sprechkinder«, die dann mit ihrem Licht die der andern Kindern anzünden.)

Gemeinde: *Ihr Kinderlein kommet, EG 43*

8. Kind:
Heute sind wir eingeladen,
zu dem schönsten aller Feste.
Gottes Sohn hat heut Geburtstag.
Wir sind alle seine Gäste.
Er, der uns nur Liebe schenkte,
freut sich, wenn wir Liebe spenden.
Darum schenken wir einander
heut so viel aus vollen Händen.

9. Kind:
Und es jubeln alle Menschen
ringsumher auf Erden nun.
Einer macht dem andern Freude,
jeder möchte Gutes tun.
Wisst ihr auch, wie lang es her ist,

	als die erste Weihnacht war? Es war damals, als Maria uns das Jesuskind gebar.
10. Kind:	Es gab keinen Weihnachtskuchen, keine goldne Lichterpracht, keine Marzipankartoffel in der ersten heilgen Nacht. Alles war so still und leise, was in dieser Nacht geschah Nirgends war ein großes Feiern, aber Gottes Sohn war da.
11. Kind:	Und Maria, seine Mutter, wickelte beim Kerzenschein ihren Sohn in weiße Windeln und in warme Tücher ein. Und sie legte ihn im Stalle, – denn er sollte doch nicht frieren, – in das harte Stroh der Krippe zu den guten warmen Tieren.
12. Kind:	Hoch vom Norden bis zum Süden und von Osten bis nach West feiern nun die Menschenkinder jedes Jahr das Weihnachtsfest. Von den Türmen aller Kirchen läuten Glocken durch das Land: Ehre sei dem Vater droben, der uns seinen Sohn gesandt.
Gemeinde:	*Stille Nacht, EG 46*
4. Hirte:	Als wir alles gesehen hatten, sagten wir weiter, was uns von dem Kind gesagt war.
5. Hirte:	Und alle, denen wir es sagten, wunderten sich darüber. Maria aber merkte sich alles, was wir ihr erzählt hatten und dachte darüber nach.
6. Hirte:	Und wir kehrten alle wieder um, dankten und lobten Gott über allem, was wir gehört und gesehen hatten.

7. Hirte: Ja, das konnte man gar nicht für sich behalten, das musste man weitersagen: Jesus will Heiland und Herr unseres Lebens sein. Davon erzählten wir noch lange.

Hirten: *(singen, EG 32) Wisst ihr noch, wie es geschehen, immer werden wir's erzählen, wie wir einst den Stern gesehen, mitten in der dunklen Nacht, mitten in der dunklen Nacht.*

Stille war es um die Herde und auf einmal war ein Leuchten und ein Singen auf der Erde, dass das Kind geboren sei, dass das Kind geboren sei.
Und es sang aus Himmelshallen: Ehr sei Gott! Auf Erden Frieden! Allen Menschen Wohlgefallen, welche Gottes Kinder sind, welche Gottes Kinder sind.
Eilte jeder, dass er's sähe, arm in einer Krippe liegen. Und wir fühlten Gottes Nähe, und wir beteten es an. Und wir beteten es an.
Immer werden wir's erzählen, wie das Wunder einst geschehen und wie wir den Stern gesehen, mitten in der dunklen Nacht ...

6. Sprecher: So gingen alle nach Hause und brachten Freude und Licht in die Traurigkeit und Dunkelheit.

(Die Kinder und Hirten sowie die Sprecher gehen auf ihre Plätze zurück.)

Gemeinde: *Lobt Gott, ihr Christen (EG 27, Str. 1-3)*

★ Teil 3

5. Sprecher: (Mt 2, 1) Als Jesus geboren war in Bethlehem in Judäa zur Zeit des Königs Herodes, siehe, da kamen Weise aus dem Morgenland nach Jerusalem und sprachen:

1. Weiser: Das Kind, das geboren wurde, muss ein König sein. Lasst und zum Schloss des Königs von Israel gehen. Dort werden wir es finden.

(Herodes kommt nach vorn).

2. Weiser: Herodes, König von Israel. *(Er verneigt sich dabei vor ihm.)* Wir haben im Sternbild gesehen, dass hier in deinem Land ein König geboren wurde. Zeig ihn uns, damit wir ihm Ehre erweisen können.

Herodes: Ein König soll geboren sein? *(Er dreht den Weisen den Rücken zu.)* Was passiert, wenn er groß wird? Er wird gegen mich kämpfen, wo ich doch nicht sehr beliebt bin. Ich werde dann bestimmt nicht mehr Herrscher sein können. Ich muss herausfinden, wo dieser neugeborene König lebt!

(Er winkt dem Schriftgelehrten zu, der kommt nach vorn.)

Herodes: Ihr Schriftgelehrten, ihr kennt doch eure Bibel. Sucht und findet heraus, wo der Christus, der Retter und König, wie ihr ihn nennt, geboren werden soll.

Schriftgelehrter: Wir haben die Stelle, die du suchst. Sie steht in Micha 5:
(Er rollt eine Schriftrolle auf und liest:)
Und du, Bethlehem Efrata, die du klein bist unter den Städten in Juda, aus dir soll mir kommen, der in Israel Herr sei, dessen Ausgang von Anfang und von Ewigkeit her gewesen ist.

Herodes: *(zu den Weisen gekehrt)* Ihr habt den Stern gesehen und seid sicherlich weit gereist. Geht nach Bethlehem. Sucht das Kind, und wenn ihr's gefunden habt, so sagt es mir wieder. Ich möchte auch kommen und es verehren.

6. Sprecher: Das sagte er, aber er meinte es nicht so. In Wirklichkeit wollte er das Kind töten, damit niemand ihm sein Königreich nehmen konnte.

3. Weiser: Kommt, lasst uns gehen, damit wir das Kind finden. *(Weise gehen zur Krippe und stellen pantomimisch dar.)*

5. Sprecher: (Mt 2, 10 und 11) Als sie den Stern sahen, wurden sie hoch erfreut und gingen in das Haus und fanden das Kindlein mit Maria, seiner Mutter, fielen nieder und beteten es an, öffneten ihre Schätze und schenkten ihm Gold, Weihrauch und Myrrhe.

6. Sprecher: Wir erfuhren über die Geburt von Jesus. Er lebt auch heute noch. »Wär Jesus tausendmal in Bethlehem geboren und nicht in dir, du gingest doch verloren.«
Ihm sollen wir uns ganz anvertrauen, damit er in und durch uns leben kann. Das ist Weihnachtsfreude, die durch das ganze Jahr geht.

Gemeinde: *O du fröhliche* (EG 44)

Aus: Eva Rechlin in:
Barbara Schneider: Der fröhliche Kindergarten.
Kemper Verlag, Heidelberg

Siehe, euch ist heute der Heiland geboren ...

★ **Anzahl der Spieler:** 5
(3 Hirten, eine Stimme, Erzähler)

★ **Zielgruppe:** alle

★ **Dauer:** 10 Minuten

★ **Inhalt:**
Die Hirten auf dem Feld hören von den Engeln die Weihnachtsbotschaft.

Erzähler: Es ist Nacht. Eine Nacht, wie viele andere, in denen nichts Besonderes geschieht. Ruhe und Schläfrigkeit liegt über der Schafherde mitten auf dem Felde. Die Schafe stehen eng aneinander geschmiegt, sich gegenseitig Wärme und Schutz gebend. Hin und wieder hört man ein gelangweiltes müdes »Mäh, mäh«, dann ist es wieder ganz still. Die Hirten Absalom, Micha und Naftali liegen zusammengekauert am Lagerfeuer. Die Wärme des Feuers kann man in der Nacht ganz gut gebrauchen, es ist schon empfindlich kalt geworden. Ihre Körper werfen schemenhafte Schatten gegen die Schafherde im Hintergrund. Gelegentlich sprühen Feuerfunken in die Höhe und erhellen für kurze Augenblicke die Dunkelheit.

(Absalom, Micha und Naftali reden leise miteinander, bei jedem Geräusch jedoch sofort aufhorchend.)

Absalom: Du, Micha! Geht es deinem kleinen Sohn wieder besser? Ist er wieder gesund?

Micha: Ja, meine ganze Familie ist so froh darüber. Den kleinen Kerl hatte es ganz schön erwischt. Tagelang lag er mit hohem Fieber auf seiner Matte, aber jetzt ist er wieder putzmunter.

Absalom: Ach ja, wie dankbar können wir sein, wenn wir nicht krank darniederliegen, vor allem jetzt, wo die vielen Menschen unsere Gegend übervölkern. Es ist fast unmöglich zu einem Arzt zu kommen, geschweige denn, dass ein Arzt nach Hause zu einem Kranken kommt.

Naftali: Meine Frau Sina hat vorgestern diese leidige Erfahrung schon gemacht. Sie brauchte ganz dringend ihre Tinktur gegen den ständigen Husten, der sie so arg plagt, und stellt euch vor, sie war den ganzen Vormittag unterwegs, nur um überhaupt zu dem Haus unseres Arztes zu gelangen. Die Straßen sind gefüllt mit Menschen aus aller Herren Länder, mit Wagen und Tieren und allem möglichen Gepäck. Eine richtige Menschenkarawane. Schrecklich, sage ich euch.

Micha: Wenn der römische Kaiser Augustus wüsste, was er mit seiner Zählung angerichtet hat, hätte er es vielleicht gelassen. Ich finde es eine richtige Schnapsidee von ihm oder seinen Beratern, alle Bewohner seines Weltreiches zählen zu lassen. Wozu? Um zu wissen, wie viele Steuergelder er einnimmt?

Absalom: Aber Micha, so sind die Menschen nun einmal, sie wollen wissen, wie reich sie sind und dann auch das Gefühl auskosten, welche Sicherheit ihnen ihr Reichtum bietet und Kaiser Augustus ist auch nur ein Mensch, wenn er auch von seinen Römern als Gott verehrt wird.

Naftali: Gut, dass wir nur arme Hirten sind, Absalom, ich möchte wirklich nicht reich sein, mein Vater sagte immer: Geld verdirbt den Charakter. Damit hatte er Recht. Schau sie dir doch an, die Mächtigen in unserer Stadt, sie wollen immer noch mehr und was tun sie für die Armen? So gut wie nichts. Es ist eine Schande, sag ich euch, oder etwa nicht?

Absalom: Du kannst das nicht verallgemeinern, es gibt auch Reiche, die viele gute Werke tun und Almosen geben, denk dabei doch an unseren Herrn. Er gibt uns genug Lohn, reich werden wir zwar nicht davon, aber wir brauchen auch nicht zu hungern und haben ein gutes Auskommen. Zweimal im Jahr schenkt er jeder Familie seiner Hirten ein Lamm, das tun nicht alle Schafherdenbesitzer.

Micha: Das stimmt, Absalom, wir haben wirklich einen gütigen Herrn und keinen Grund zu klagen.

Naftali: Micha, Absalom, was ist mit unseren Schafen los, wieso sind sie so unruhig. Los, schnell, lasst uns nachsehen, ob vielleicht ein wildes Tier um die Herde schleicht.

Micha: Schaut nur wie der Himmel plötzlich so hell erleuchtet ist, man könnte meinen, es sei Tag. Was bedeutet das?

- evtl. Sphärenklänge -

Absalom: Hört nur diese Stimme! Das ist ja unheimlich. Micha, Naftali! Ich fürchte mich.

Stimme: Fürchtet euch nicht. Siehe, ich verkündige euch eine große Freude, die allem Volk widerfahren wird, denn euch ist heute der Heiland geboren, welcher ist Christus, der Herr, in der Stadt

	Davids. Und das habt zum Zeichen: ihr werdet finden das Kind in Windeln gewickelt und in einer Krippe liegen.
Naftali:	Was ist das für eine Stimme und was erzählt sie uns?
Micha:	Ja, uns. Wieso gerade uns, wir sind doch nur kleine arme Hirten?
Absalom:	Der Heiland soll geboren sein, der Erlöser.
Naftali:	So steht es doch in den alten Schriften, dass Gott seinen Sohn zur Erde schicken wird, zu uns Menschen, meint ihr, das ist jetzt so weit?
Absalom:	Hört ihr diesen Gesang? Es ist ein einziger Lobgesang auf Gott: Ehre sei Gott in der Höhe und Frieden auf Erden und den Menschen ein Wohlgefallen.
Micha:	Naftali, Absalom! Das sind Engelsstimmen, direkt von Gott zu uns gesandt. Was sollen wir tun?
Absalom:	Es gibt ja nur zwei Möglichkeiten, entweder wir glauben das, was wir eben gehört haben oder wir glauben es nicht. Wenn wir es glauben, dann müssen wir jetzt sofort aufbrechen und das Kind in der Krippe suchen. Stellt euch vor, wir dürfen den Sohn Gottes sehen -unvorstellbar – wir die Geringsten der Geringen.
Naftali:	Was haben wir schon zu verlieren – nichts, oder? Micha, Absalom, seid ihr meiner Meinung?
Micha:	Ja, Naftali, lass uns aufbrechen und das Kind suchen.

Naftali: Nur, wo sollen wir mit dem Suchen beginnen?

Absalom: Seit einigen Tagen steht doch dieser helle Stern am Himmel, wir haben uns doch sehr darüber gewundert, weil er vorher nicht da war. Könnte es sein, dass er uns die Richtung anzeigt? Absalom, was passiert in der Zwischenzeit mit unseren Schafen? Können wir sie hier allein zurücklassen?

Absalom: Mitnehmen können wir sie schlecht, das würde uns zu viel Zeit kosten. Aber meint ihr nicht, das wir sie getrost hier allein zurücklassen können. Wenn Gott seine Engel mit seiner Botschaft zu uns aufs Feld schickt, meint ihr nicht auch, dass er seinen Engeln dann auch befiehlt, auf unsere Herden aufzupassen, bis wir wieder zurückkommen?

Naftali: Ja, wir wollen unserem Gott vertrauen. Also, lasst uns gehen, damit wir keine Zeit verlieren.

(Die 3 Hirten gehen ab.)

Speziell für Kinder

Weihnachten – ein lebendiges Fest!

★ **Anzahl der Spieler:** 19
(Miriam, Jörg, Ausrufer, Josef, Maria, 1. Wirt, 2. Wirt, Frau von 2. Wirt, Engel, Engel ohne Sprechrolle, 3 Hirten mit Sprecherrolle, Hirtenkind, Hirten ohne Sprechrolle, 3 Weise)

★ **Zielgruppe:** Kinder

★ **Dauer (ohne Lieder):** 20 Minuten

★ **Inhalt:**
Die Weihnachtsgeschichte mit einer aktuellen Rahmenhandlung.

(Miriam trifft ihren Schulkamerad Jörg zufällig auf der Straße.)

Miriam: Hallo Jörg!

Jörg: Tag, Miriam!

Miriam: Na, hast du schon fest gelernt für die Mathearbeit morgen?

Jörg: Nee, da weiß ich was besseres.

Miriam: So, was denn?

Jörg: Siehst du den Spielzeugladen da drüben?

Miriam: Ja, und?

Jörg: Der macht in einer halben Stunde wieder auf – und dann geh ich da rein und schreibe alles, was mir gefällt auf meinen Wunschzettel.

(Er zückt einen sehr langen, schon fast voll geschriebenen Zettel und deutet auf ihn.)

Miriam: Ist das dein Wunschzettel? Da stehen ja schon alle Spielsachen dieser Welt drauf.

Jörg: Nee, ein paar fehlen mir noch.

Miriam: Aber warum schreibst du denn eine so furchtbar lange Liste? Du bekommst ja doch nicht alle Wünsche erfüllt.

Jörg: Warum ich eine so lange Liste schreibe? Na ist doch klar, weil bald Weihnachten ist. Und Weihnachten ist das Fest der Geschenke. Und nur damit du es weißt, was ich auf meinen Wunschzettel schreibe, das bekomme ich auch. Meine Eltern erfüllen mir zu Weihnachten nämlich jeden Spielzeugwunsch – deshalb ist es ja das Fest der Geschenke. Hast du denn schon auf die Arbeit gelernt?

Miriam: Ein bisschen, ich schau es mir später noch einmal an. Aber was hast du gesagt, das Fest der Geschenke? Also für mich ist Weihnachten das Fest der Liebe und der Freude.

Jörg: Na eben, ich freue mich auch über das, was ich geschenkt bekomme.

Miriam: Meinst du, ich nicht. Aber das Größte und Schönste, über das wir uns freuen können, das hat uns Gott geschenkt. Nämlich Jesus. Gerade wollte ich rüber zur Kirche und mir die Krippe anschauen. Es ist eine besonders schöne aufgebaut, mit Figuren, die so groß sind wie wir selbst.

	Komm doch einfach mit, dann kann ich dir zeigen, was für mich Weihnachten ist.
Jörg:	Was, eine Krippe soll ich mir anschauen? Ein paar langweilige tote Holzfiguren ohne Action?
Miriam:	Aber Zeit hast du doch noch eine halbe Stunde, oder?
Jörg:	Na ja, das schon. *(Er druckst unentschlossen herum – doch dann:)* Also gut, dann tu ich dir eben den Gefallen. Gehen wir. *(Er versucht unbeholfen, sein Gesicht etwas zu verstecken, um nicht als Kirchgänger erkannt zu werden. Die Kinder gehen in weitem Bogen auf die Krippe zu. Die Krippe ist mit den Kindern der Kinderkirche besetzt und war bis zu diesem Augenblick hinter einem großen Vorhang versteckt. Der Vorhang kann als Kulisse für die bis jetzt gelaufene Handlung benutzt werden. Während sich die Kinder der Krippe nähern, wird der Vorhang weggezogen und gibt für alle den Blick darauf frei. Als die Kinder bei der Krippe angelangt sind:)*
Miriam:	Sieh nur, wie schön sie ist.
Jörg:	Ja, ja.

(Beide schauen sich die Krippe kurz an – dann:)

Miriam:	Mir ist, als wären die Figuren lebendig und wir selbst mittendrin in der Weihnachtsgeschichte. Geht es dir auch so, Jörg?
Jörg:	Mir? Nein, ich merke nichts.
Miriam:	Aber ich. Für mich bewegen sich die Hirten und all die anderen, die dabei waren, als Gott uns Jesus geschenkt hat. Ich möchte dir das so gerne

	zeigen. Lass es uns doch einmal versuchen – gib mir deine Hand.
Jörg:	So etwas Verrücktes. *(Er gibt ihr spöttisch lächelnd seine Hand, nachdem er sich noch einmal vergewissert hat, dass ihn niemand sieht. Genau in diesem Moment beginnen die Krippenfiguren sich tatsächlich zu bewegen. Die Kinder der Kinderkirche nehmen ihre Plätze an den unterschiedlichen Handlungsorten ein, an denen das Weihnachtsspiel nun jeweils fortgesetzt wird. Jörg kommt aus dem Staunen nicht heraus. Ungläubig reibt er sich die Augen und sagt:)*
Jörg:	Das gibt es doch nicht, träume ich? *(Er zwickt sich in den Arm.)*
Miriam:	Aber nein, Jörg, die Weihnachtsgeschichte lebt und wir sind mittendrin. Achtung es geht los, da kommt der kaiserliche Ausrufer. *(Miriam und Jörg setzen sich neben die Krippe auf Strohballen. Der Ausrufer läuft – eine Glocke schwingend – durch die Reihen.)*
Soldat:	Achtung, Achtung – Achtung, Achtung, alle mal herhören!

(Der Ausrufer bleibt stehen, entrollt eine Schriftrolle und liest vor.)

Ausrufer:	Der große Kaiser Augustus möchte wissen, wie viele Untertanen er in diesem Land hat. Deshalb gehe ein jeder in seine Geburtsstadt und lasse sich dort in eine Meldeliste eintragen. Er wird dann auch geschätzt und erfährt, was er dem Kaiser als Steuer abgeben muss. Macht euch am besten gleich auf den Weg. *(Ausrufer tritt ab und ruft dabei:)* Achtung, Achtung – Achtung, Achtung, alle mal herhören!

(Maria und Josef machen sich in weitem Bogen durch die Kirche auf den Weg nach Bethlehem. Während sie das tun:)

Miriam: Auch Maria und Josef gehorchten dem Befehl des Kaisers und machten sich auf den Weg nach Bethlehem – der Geburtsstadt Josefs.

Josef: Schau, Maria, da vorn ist Bethlehem. Das war ein langer und beschwerlicher Weg, ich weiß. Doch nun haben wir es gleich geschafft.

Maria: Da vorn ist ein Wirtshaus – da fragen wir nach einem Zimmer für die Nacht.

(Am Wirtshaus angekommen klopfen Maria und Josef an die Tür. Der Wirt tritt heraus.)

Josef: Guten Abend, Herr Wirt. Wir kommen aus Nazareth und wollen uns hier in die Meldeliste eintragen lassen. Können wir bei Ihnen übernachten?

1. Wirt: Nein, ich habe kein Zimmer mehr frei. Mein Haus platzt aus allen Nähten. Geht weiter, ich kann euch nicht helfen.

(Maria und Josef gehen weiter zum nächsten Gasthaus.)

Josef: Guten Abend, Herr Wirt. Wir kommen aus Nazareth und wollen uns hier in die Meldeliste eintragen lassen. Können wir bei Ihnen übernachten?

2. Wirt: Tja Herrschaften, tut mir Leid. Mein Haus ist bis unters Dach voll. War eine prima Idee von diesem Kaiser Augustus. Mit seiner Volkszählung mach ich das Geschäft meines Lebens. Versucht es woanders, hier ist kein Platz mehr.

(Es tritt nun auch die Frau des Wirts aus dem Haus und schaut sich die beiden an.)

Josef: Da kann man nichts machen, dann müssen wir eben weitersuchen.

(Enttäuscht und erschöpft wollen Maria und Josef weitergehen – da ruft ihnen die Wirtsfrau nach:)

Wirtsfrau: Halt, wartet mal.
(und zu ihrem Mann, dem Wirt, gewandt fährt sie fort:)
Siehst du denn nicht, dass die Frau jeden Moment ein Kind bekommen kann? Wie kannst du sie da wegschicken?
(und zu Maria und Josef wieder gewandt:)
Hinter dem Haus steht ein Stall. Wenn ihr wollt, könnt ihr darin übernachten. Da habt ihr wenigstens ein Dach über dem Kopf und Stroh zum Wärmen gibt es auch.

Maria: Vielen Dank, Frau Wirtin.
(Maria und Josef gehen in den Stall. Während sie das tun, ruft ihnen der Wirt noch nach:)

2. Wirt: Das kostet aber soviel wie ein Zimmer. Almosen können wir uns schließlich nicht leisten.

(Wirt und Wirtin gehen wieder ins Haus. Josef richtet für Maria und sich ein Lager, spricht noch leise ein Nachtgebet und schläft dann wie Maria ganz schnell ein.)

Jörg: Da haben die beiden aber ganz schön Glück gehabt, dass sie doch noch einen Platz zum Schlafen gefunden haben.

Miriam: Das kannst du laut sagen. Aber richtig glücklich können seit dieser Nacht auch alle anderen Menschen sein.

Jörg: So, wieso das denn?

Miriam: Das wirst du gleich sehen.

(Die nächste Szene spielt bei den Hirten auf dem Feld. Umringt von den Schafen sitzen sie am Lagerfeuer und essen. Es ertönt leise Hirtenmusik. – Da erscheint ihnen plötzlich eine Engelschar. Die Hirten springen erschrocken und voller Angst auf. Die Engelschar besteht aus einem großen und mehreren kleinen [Kindergartenkinder] Engeln. Der große Engel spricht zu den Hirten:)

Engel: Fürchtet euch nicht, denn was ich euch zu sagen habe, wird euch sehr freuen. Euch ist heute der Heiland geboren. Euer Warten hat ein Ende. In Bethlehem ist Christus, der Herr, auf die Welt gekommen. Geht zu ihm und heißt ihn willkommen. In Windeln gewickelt liegt er in einer Krippe, ihr könnt ihn nicht verfehlen.

(Zusammen mit der Gemeinde singen alle nun ein Lied, das z. B. von den kleinen Engelchen auf Orffschen Instrumenten oder Flöten begleitet werden kann. Nach dem Lied gehen die Engel ab. Die Hirten sind noch ganz aufgeregt.)

1. Hirte: Was sollen wir denn jetzt nur tun?

2. Hirte: Na, genau das, was uns der Engel gesagt hat: Wir gehen nach Bethlehem und zeigen dem neugeborenen Christuskind wie sehr wir uns über seine Ankunft freuen.

3. Hirte: Und wie sehr wir es verehren.

Hirtenkind: Also los, lasst uns gehen. Packt eure Sachen und vergesst die Schafe nicht.

(Die Hirten gehen mit ihren Schafen in weitem Bogen zum Stall. Während sie das tun:)

Jörg: Warum verkündet denn ein Engel die Geburt des kleinen Heilands. Ist der etwas so Besonderes?

Miriam: Ja, das ist er. Er ist nämlich Gottes Sohn. Wenn er einmal groß ist, wird er für alles Schlechte und Böse, was wir Menschen getan haben, die Schuld auf sich nehmen und uns alle damit erretten. Mit diesem kleinen Kind, unserem Heiland, macht Gott mit uns Menschen einen Neuanfang – deshalb ist er etwas Besonderes.

Jörg: Aha! – Da, die Hirten sind am Stall angekommen.

(Die Hirten gehen in den Stall und knien vor Jesus nieder.)

1. Hirte: Lieber Heiland, wir sind nur arme Schafhirten – und doch hat Gott uns einen Engel geschickt, der uns deine Ankunft verkündet hat. Es ist herrlich zu wissen, dass du nun da bist.

2. Hirte: Schenken können wir dir nichts außer unserem festen Vertrauen auf dich – und das geben wir dir mit Freuden.

Hirtenkind: Und wir werden dich immer lieb haben.

3. Hirte: Du wirst in unseren Gedanken immer bei uns sein, das versprechen wir dir.
(Er steht auf und sagt zu den anderen Hirten:)
Kommt, wir müssen wieder an unsere Arbeit. Jetzt macht sie gleich viel mehr Freude.

(Die Hirten verbeugen sich noch einmal vor Jesus, verabschieden sich von Maria und Josef und gehen dann ab. Sie gehen aber nicht mehr zu dem Platz zurück, der das Feld darstellte, sondern sie bauen sich mit ihren Schafen seitlich von der Krippe auf, damit sie am Schluss des Spiels schnell ihre Anfangsposition einnehmen können.)

Jörg: Waren die Hirten denn die Einzigen, denen Gott die Geburt von Jesus mitgeteilt hat?

(Während Miriam das Folgende sagt, »reiten« die 3 Weisen in Richtung Krippe los.)

Miriam: Nein, auch in einem ganz fernen Land, weit im Osten wurde die Ankunft des Heilands bemerkt. Einige Zeit nach der Geburt des Christuskindes gelangten die drei Fremden nach Bethlehem, die sehr edel und weise waren.

(Die 3 Weisen bleiben stehen.)

1. Weiser: Hier irgendwo muss der Königssohn geboren worden sein. Sein Stern hat uns direkt hierher geführt.

2. Weiser: Ja, das war ein ganz besonderes Himmelslicht. Noch nie vorher habe ich eines so hell leuchten sehen. Das muss schon ein ganz besonderes Kind sein, das unter einem so herrlichen Zeichen geboren wird.

3. Weiser: Eben, und wenn wir das nicht genau wüssten, hätten wir diese lange und beschwerliche Reise in das ferne Land Judäa niemals auf uns genommen. Es ist schließlich auch gefährlich, mit unseren wertvollen Geschenken wie Weihrauch, Myrrhe und Gold durch die halbe Welt zu reisen.

1. Weiser: Hier finden wir ihn sicher. Dann können wir vor ihm niederknien und ihm sagen, dass wir erkannt haben, wie groß und herrlich er für die Menschen einmal werden wird. – Doch der Stern, der uns bis hierher geführt hat, ist auf einmal nicht mehr zu sehen.

2. Weiser: Doch – da vorn ist er. Ganz nah. Endlich – wir sind am Ziel.

(Die 3 Weisen gehen zur Krippe. Sie begrüßen Maria und Josef und erfahren dabei den Namen des Kindes. Dann knien sie vor dem Christuskind nieder.)

3. Weiser: Wir grüßen dich, du junger König mit Namen Jesus. Wir sind ja so froh, dass wir dich gefunden haben. Noch bist du klein, aber wir wissen, dass du einmal mächtiger als der mächtigste König der Erde werden wirst. Nimm unsere Geschenke als Zeichen unserer Verehrung.

1. Weiser: Unser sehnlichster Wunsch, dich zu treffen, ist damit in Erfüllung gegangen. Wir können uns wieder auf den Weg nach Hause machen.

(Die 3 Weisen gehen ab. Sie begeben sich dabei auf den Platz, den sie am Anfang des Spiels als starre Krippenfiguren innehatten.)

Jörg: Das war aber lieb von den 3 Weisen, eine so weite und gefährliche Reise zu machen, um Jesus zu finden und ihm zu sagen, dass sie an ihn glauben.

Miriam: Das stimmt – und wir müssen nur über die Straße, um das zu tun.

(In diesem Moment kommt von hinten der Mesner der Kirche, in der sich Miriam und Jörg aufhalten. Er ruft:)

Mesner: Hallo, ist da noch jemand? Ich schließe jetzt ab.

(Während der Mesner das sagt, gehen alle Krippenfiguren schnell auf ihre Anfangsplätze und erstarren wieder zu Holzfiguren. Miriam und Jörg laufen ihm entgegen und rufen:)

Miriam und Jörg: Ja, hier! Wir kommen schon.

(Die beiden laufen an dem Mesner vorbei aus der gedachten Kirche hinaus. Vor dieser gedachten Kirche:)

Miriam: War das nicht ein schönes Erlebnis?

Jörg: Das kann man wohl sagen. Besser als jedes Videospiel bei mir daheim.

Miriam: So, ich gehe jetzt nach Hause – Mathe lernen. Und was machst du?

Jörg: Ich? Ich gehe auch heim. Für heute habe ich genug erlebt. Das muss ich meinen Eltern erzählen – die werden staunen.

(Jörg will weglaufen, da ruft Miriam:)

Miriam: Halt Jörg, warte mal. Da ist etwas an dir hängen geblieben.

(Sie zupft ihm einen Strohhalm aus dem Pulli und gibt ihn Jörg.)

Jörg: Ein Strohhalm! Den werfe ich nicht weg. Den behalte ich als Erinnerung an das, was ich heute erlebt habe – und an Jesus. Tschüss!

(Beide gehen ab.)

Was für eine Nacht!

Weihnachten aus der Sicht des kleinen Daniel

★ **Anzahl der Spieler:** 15

★ **Zielgruppe:**
alle (geeignet für eine Familien-Weihnachtsfeier in der Gemeinde oder einen Familiengottesdienst)

★ **Dauer:** 30 Minuten

★ **Inhalt:**
Der Stern von Bethlehem und die Geburt von Jesus mit einer Rahmenhandlung. – Kinder aus Bethlehem suchen den Stern von Bethlehem und finden das neugeborene Kind.

Sprecher: Die Sonne ging gerade unter, als Daniel sich an das Fenster seines Zimmers setzte. Er schaute hinaus in den roten Sonnenuntergang und wartete sehnsüchtig darauf, dass es dunkel wurde. Daniel interessierte sich nämlich für die Sterne. Jeden Abend saß er an seinem Fenster, blickte hinaus und staunte über die vielen Lichter am Himmel. Einmal hat er sogar versucht, sie zu zählen, aber er hat es schnell aufgegeben, weil er immer durcheinander kam. Es waren einfach zu viele Sterne. Von einigen kannte er aber schon die Namen.

Heute Abend wartete er auf einen ganz besonderen Stern. Daniel wohnte in Bethlehem, und alle

Leute in der kleinen Stadt redeten seit Tagen von nichts anderem als dem hellen Stern, der jede Nacht am Himmel stand. Immer heller und größer war er über Bethlehem zu sehen. Gerade als Daniel am Fenster saß und sich auf den großen Stern freute, rief seine Mutter von unten.

Mutter: Daniel, sitzt du etwa schon wieder vor deinem Fenster und träumst vor dich hin? Komm bitte runter zum Abendessen. Du musst bald ins Bett, du hast doch morgen wieder früh Schule.

Daniel: *(sitzt am Fenster und starrt in den Himmel hinauf)* Ja, Mama, ich komme gleich. Ich darf doch auf keinen Fall verpassen, wenn der große Stern über Bethlehem steht.

Mutter: Ach du mit deinen Sternen. Davon geht die Welt bestimmt nicht unter, wenn du einmal einen Stern verpasst.

Sprecher: Daniel wollte gerade zum Essen hinabgehen, als plötzlich ein riesiger Stern am dunklen Abendhimmel erschien und ihn hell erleuchtete. Schnell sauste er wieder zum Fenster und staunte mit offenem Mund zum Himmel hinauf. Dann flitzte er in die Küche.

Daniel: Mama, Mama, ich muss schnell zu Miriam, Benjamin und den anderen und ihnen alles erzählen. Das müssen sie unbedingt sehen. Bitte, bitte, darf ich raus?

Mutter: Na gut, aber nur ausnahmsweise. Du kommst aber sofort wieder heim. Und dass ihr keinen Unfug macht, es ist schließlich schon dunkel! *(gibt ihm noch einen Kuss auf die Wange, und Daniel saust fort)*

Sprecher: Daniel rannte so schnell er konnte zu seinen Freunden, die nur ein paar Häuser weiter wohnten. Er klopfte wild an die Tür und rief:

Daniel: Miriam, Benjamin! Ihr müsst sofort rauskommen. Das müsst ihr einfach gesehen haben, sonst glaubt ihr es mir ja doch nicht!

Miriam: *(steckt ihren Kopf aus dem Fenster)* Was ist denn los, Daniel, dass du so spät abends so einen Krach machst?

Daniel: *(greift sich an den Kopf)* Oh, Miriam, der Stern ist doch da, von dem alle seit Tagen reden. Der Riesenstern, direkt über Bethlehem. Komm schnell raus, damit wir uns das zusammen anschauen können.

Benjamin: *(steckt auch seinen Kopf aus dem Fenster)* Ach Daniel, du veranstaltest wieder ein Theater wegen so ein paar Sternen. Ich glaube, du hast zu viel in den Himmel geschaut und siehst langsam Gespenster.

Daniel: So ein Blödsinn! Der Stern ist wirklich etwas Besonderes. Das sagen alle, sogar die Priester in der Synagoge haben behauptet, dass der Stern etwas zu bedeuten hat. Wenn der Stern über Bethlehem steht, muss irgendetwas Besonderes passieren. Kommt doch bitte raus!

Benjamin: *(schaut seine Schwester an)* Was meinst du, Miriam? Ob Mama und Papa uns überhaupt noch vor die Tür lassen?

Miriam: Na klar, wir können ja mal fragen. Außerdem ist so ein riesiger Stern ja nicht alle Tage zu sehen.

Sprecher: Nur wenige Minuten später standen Miriam und Benjamin auch vor der Tür, und gemeinsam liefen die drei zu ihren Freunden und holten noch David, Sarah, Esther und Jonathan ab. Bald waren sie alle auf dem Marktplatz versammelt und lauschten gespannt, wie Daniel ihnen die ganzen Sterne am Himmel erklärte.

Daniel: *(erklärt langsam und in Lehrer-Manier, zeigt dabei mit den Händen zum Himmel)* Also, so große Sterne kommen nur alle paar Jahre einmal am Himmel vor. Deshalb ist es heute etwas ganz Besonderes, wenn ihr den Stern seht – und noch dazu genau über Bethlehem. Da müsst ihr schon lange warten, bis ihr so etwas wieder sehen könnt.

Jonathan: Und was soll das Besondere an dem Stern sein? Er ist vielleicht ein bisschen größer als die anderen, aber sonst ...

Daniel: Er ist nicht nur größer und heller. Wenn er am Himmel zu sehen ist, bedeutet das, dass etwas Außergewöhnliches in der Stadt passiert.

Sarah: Und was soll das Außergewöhnliche sein?

Daniel: Das weiß ich doch nicht. Ich kenne mich nur mit Sternen aus, nicht mit wichtigen Ereignissen.

Esther: Vielleicht stimmt es ja, was Daniel sagt. Vielleicht hat der Stern etwas mit den vielen Leuten zu tun, die seit Tagen nach Bethlehem kommen. So voll wie in der letzten Woche war es noch nie in unserer kleinen Stadt.

David: Genau. Seit die vielen Menschen nach Bethlehem kommen, macht mein Vater das Geschäft seines Lebens – hat er zumindest gesagt. Unser Gasthaus ist ausgebucht bis auf den letzten Platz.

Sarah: Bei uns sieht es genauso aus. Der Laden ist den

ganzen Tag voll. Meine Mutter kann gar nicht so viel Brot backen, wie die Leute kaufen wollen.

David: Mein Vater hat schon jede Menge Leute wegschicken müssen, die bei uns übernachten wollten. Wir haben einfach keinen Platz mehr. Ganz Bethlehem ist ausgebucht. Heute hat mein Vater sogar eine Familie im Stall hinter dem Haus untergebracht.

Jonathan: *(hält sich die Nase zu)* Echt? Das stinkt doch bestimmt ganz schön, zwischen den vielen Tieren. Also da wollte ich nicht schlafen.

Esther: *(gibt ihm einen kleinen Stoß)* Ach komm schon, Jonathan. Immer noch besser, als auf der Straße zu übernachten.

David: Esther hat Recht. Außerdem haben die Leute meinem Vater so Leid getan: Die beiden kamen von weit her, aus Nazareth. Und die junge Frau bekommt jeden Augenblick ein Baby. Da konnten wir sie doch unmöglich fortschicken. Also hat sich mein Vater gedacht: »Besser im Stall als auf der Straße!«

Daniel: *(laut, unterbricht das Gespräch)* Jetzt lasst doch mal euren Stall! Der Riesenstern ist doch viel wichtiger!

Benjamin: Vielleicht ist der Stern ja über Bethlehem wegen der Volkszählung, die seit einigen Tagen läuft. Deshalb sind die vielen Menschen in der Stadt: Sie müssen sich auf dem Rathaus in der Stadt melden, aus der ihre Vorfahren stammen. Das hat der Kaiser so befohlen.

Miriam: Meinst du wirklich, die ganzen Leute, die in der Stadt sind, stammen alle aus Bethlehem?

Daniel: Darauf kommt es doch gar nicht an. Auf jeden Fall ist der Stern bestimmt wegen der Volkszählung in Bethlehem.
(zuckt mit den Schultern) Anders kann ich es mir nicht erklären.

Jonathan: Aber die Volkszählung findet doch im ganzen Land statt. In allen Städten herrscht im Moment das Chaos, sagt mein Vater. Warum sollte der Stern dann also ausgerechnet über Bethlehem stehen?

Sarah: Hey, seid doch mal leise! *(zeigt mit dem Finger in eine Richtung des Raumes)* Schaut mal, was da für Gestalten kommen! Die sehen aus wie die Hirten, die immer vor der Stadt bei den Schafen sitzen.

Sprecher: Schnell rückten die Kinder zusammen, denn es war ja schon dunkel und die fremden Männer jagten ihnen einen Schrecken ein. Die Hirten machten einen Lärm, dass den Jungen und Mädchen ein eiskalter Schauer über den Rücken lief: Wären sie doch bloß zu Hause geblieben und hätten nicht auf Daniel und seine Geschichte von dem Stern gehört, dachten Benjamin und Miriam jetzt. Doch als die Männer näher kamen, hörten die Kinder, dass die Hirten Lieder sangen, sich freuten und laut lachten. Einer hüpfte sogar vor Freude immer auf und ab.

Hirte 1: *(stößt seinen Kumpel an)* Das war doch super, dass ausgerechnet wir ihn als Erste sehen durften.

Hirte 2: Stimmt. Wer hätte das gedacht: eben noch in der kalten Nacht, draußen bei den Schafen und ein paar Minuten später schon in einem Raum mit dem Retter der Welt!

Hirte 1: Habt ihr gesehen, wie seine Eltern sich gefreut haben? Die trauten ihren eigenen Augen nicht, als wir durch die Tür marschiert kamen und ihnen erzählten, was uns die Engel gesagt haben.

Hirte 3: *(zeigt dabei mit beiden Armen in die Luft)* Ja, es war auch einmalig, als mit einem Schlag der Himmel hell erleuchtet war und die vielen Engel um uns herum standen. Ich dachte schon, bei dem Licht werden bestimmt die Schafe verrückt.

Hirte 2: *(hält seine Freunde zurück und deutet mit dem Finger in die Richtung, in der Daniel und seine Freunde sitzen)* Schaut mal, die Kinder. Sieht so aus, als hätten sie Angst vor uns. Eigentlich müssten sie schon längst im Bett sein.

Hirte 4: Quatsch, in einer Nacht wie dieser dürfen sie länger aufbleiben. Hallo Kinder, ihr braucht keine Angst vor uns zu haben. Wir haben nämlich die besten Neuigkeiten für Bethlehem, die die Stadt jemals gehört hat. Und die gelten auch für euch!

Jonathan: *(der Mutigste, tritt vorsichtig einen Schritt vorwärts)* Und was sollen das für Neuigkeiten sein?

Hirte 1: Ganz einfach: Heute ist der Heiland der Welt geboren. Der Messias, auf den alle in Israel so lange gewartet haben!

Miriam: Was für ein Messias? Wen oder was meint er damit?

Esther: Ich glaube, er meint damit den, von dem in der Synagoge die Priester immer reden. In den alten Schriften, in denen unsere ganzen Gesetze aufgeschrieben sind, steht, dass eines Tages ein Messias kommen wird, der Israel von den Feinden befreit.

David: Stimmt. Davon hat mein Vater mir auch schon erzählt. Dieser Messias soll, glaube ich, die Römer aus unserem Land schmeißen.

Hirte 4: *(unterbricht die Kinder in ihrer Diskussion)* Nein, nein. Es stimmt zwar, dass heute der Messias geboren ist, aber er ist nicht geboren, um eines Tages die Römer aus dem Land zu jagen. Im Gegenteil, er ist geboren, um später einmal Frieden für alle Menschen auf der Erde zu bringen. Gott hat sich das so ausgedacht.

Benjamin: Und woher willst du das so genau wissen?

Hirte 4: Weil es uns eine riesige Menge von Engeln erzählt hat, als wir draußen bei unseren Schafen waren. Das ist noch keine zwei Stunden her.

Hirte 2: Und außerdem haben wir den Messias schon mit eigenen Augen gesehen.

Sarah: Was, echt? Wo war das? Das müssen wir doch auch mitbekommen, wenn jemand so Wichtiges in Bethlehem auf die Welt kommt.

Hirte 3: Gar nicht weit von hier. Wenn ihr wollt, zeigen wir euch den Weg. Das müsst ihr unbedingt gesehen haben.

Jonathan: *(schaut seine Freunde an)* Was meint ihr, Leute? Sollen wir mit den Hirten gehen?

Benjamin: Also, wenn alle mitgehen, bin ich auch dabei.

Sarah: Na gut, dann los!

Sprecher: Schleunigst machten sich die Kinder und die Hirten auf den Weg. Die Männer erzählten den Mädchen und Jungen begeistert von dem neugeborenen König, wie sie ihn nannten. Wenige

Minuten später waren sie auch schon da. David staunte nicht schlecht, als die Hirten ihnen das Haus zeigten, in dem der Heiland der Welt geboren sein sollte: Es war der Stall seiner Eltern.

David: Hier ist der Retter der Welt auf die Welt gekommen? Aber das ist doch unser Haus! Oder besser gesagt: unser Stall. *(greift sich an den Kopf)* Ach du meine Güte, ist der Messias etwa das Kind von dem Mann und der Frau aus Nazareth?
Wenn mein Vater das gewusst hätte, hätte er bestimmt unser bestes Zimmer für sie geräumt.

Sprecher: David hatte kaum ausgesprochen, da fuchtelte plötzlich Daniel wie wild mit den Armen in der Luft und rief ganz aufgeregt:

Daniel: *(springt begeistert in die Luft, zeigt mit den Armen zum Himmel und stößt seine Freunde an)* Da, da, seht mal, da am Himmel! Der Stern steht genau über dem Stall. Der Stern ist wegen dem Stall in Bethlehem.

Jonathan: Das gibt's doch gar nicht! Jetzt wird es mir aber langsam unheimlich.

Daniel: Ich habe Recht gehabt. Der Stern hat etwas Besonderes zu bedeuten. Ich fasse es nicht, der Stern steht tatsächlich genau über dem Stall.

Esther: Der Stern ist aber bestimmt nicht wegen dem Stall und der Tiere hier, sondern, weil in diesem Stall heute der Retter der Welt geboren ist.

Hirte 4: Genau, geht doch einfach hinein und überzeugt euch selbst. Es beißt euch schon niemand, wenn ihr klopft. Die Eltern von dem Kind freuen sich mit Sicherheit.

Sprecher: Ganz zaghaft und leise klopfte Daniel an die Tür. Er musste natürlich als erster wissen, was es mit dem Stern und dem Retter der Welt auf sich hatte. Schließlich hatte er den Stern ja auch als erster entdeckt. Eine Männerstimme sagte: »Herein«. Langsam öffnete Daniel die Tür und schob den Kopf hinein.

Daniel: Hallo, wir sind hier, weil wir den Stern gesehen haben und weil wir gehört haben, dass hier der Heiland der Welt geboren ist. Dürfen wir reinkommen?

Josef: Natürlich dürft ihr reinkommen. *(winkt sie mit einer Hand herbei)* Meine Frau und ich freuen uns doch, wenn ihr euch mit uns über unser erstes Baby freut. Ich bin übrigens Josef, der Vater des Babys, und das ist Maria, meine Frau.

Maria: Hallo Kinder kommt ruhig rein, und macht schnell die Tür wieder zu. Draußen ist es nämlich ganz schön kalt.

Miriam: Ein paar Hirten haben uns erzählt, dass hier heute Abend ein ganz besonderes Kind auf die Welt gekommen ist. Das wollten wir uns natürlich mit eigenen Augen anschauen.

Maria: Ja, die Hirten waren vorhin schon da. Sie haben uns gesagt, dass die Engel ihnen von der Geburt des Messias erzählt haben, als sie bei ihren Schafen waren. Da sind sie gleich losgerannt und zu uns gekommen.

David: *(steht staunend, mit offenem Mund da, zuckt mit den Schultern)* Das ist ja wirklich unglaublich – ausgerechnet in unserem Stall!

Josef: Da hast du Recht, es ist kaum zu glauben, aber trotzdem wahr. Unser Sohn ist der Heiland, den

	Gott unserem Volk schon vor so langer Zeit versprochen hat. Er wird einmal Frieden zwischen Gott und den Menschen schaffen.
Maria:	Und das ist ein Grund zur Freude. Freut euch doch, Kinder! Ihr müsst nicht wie angewurzelt dastehen. Es ist zwar nur ein Stall, wo mein Sohn heute zur Welt gekommen ist, aber es ist dennoch ein Grund zur Freude für alle Menschen – ein Grund für die größte Freude, die es auf der ganzen Welt gibt. Für Groß und Klein, auch für euch!
Jonathan:	Mensch, Leute, sie hat Recht. Wir sollten nicht nur hier rumstehen, sondern sofort nach Hause laufen und unseren Eltern und Geschwistern erzählen, was hier heute Nacht passiert ist.
Benjamin:	Genau. Komm Miriam, wir laufen schnell zu Mama und Papa. Die werden vielleicht baff sein!
Esther:	Es war wirklich eine gute Idee von dir, Daniel, nach dem Stern zu schauen. Jetzt wissen wir auch, warum er ausgerechnet heute über Bethlehem, über dem Stall von Davids Eltern steht.
Daniel:	*(schüttelt den Kopf)* Ja, ich verstehe zwar immer noch nicht genau, wie und warum das alles so gekommen ist, aber ich bin froh, dass ich den Heiland der Welt kennen gelernt habe. Und wenn er der Heiland der Welt ist, dann muss er ja wohl auch der Heiland der Kinder und mein Heiland sein. Das muss ich meinen Eltern unbedingt erzählen.
David:	*(greift sich fassungslos an den Kopf)* Wenn mein Vater wüsste, was heute Abend in unserem Stall passiert ist!
Sprecher:	Die Kinder liefen aus dem Stall, und bevor sie

sich eine »Gute Nacht« wünschen konnten, war jeder auch schon zu seinem Elternhaus abgedampft. Aufgeregt berichteten Jonathan, Esther, Sarah, Benjamin und Miriam ihren Eltern von dem, was sie gehört und gesehen hatten. Es dauerte an diesem Abend lange, bis in Bethlehem die Lichter ausgingen. Davids Vater fiel die Kinnlade herunter, als ihm sein Sohn erzählte, was in seinem Stall vor sich ging. Er schaute aus dem Fenster, sah den Stern direkt über seinem Stall und eilte hinaus, um die unglaubliche Neuigkeit mit eigenen Augen zu sehen. Daniel lag noch lange wach. Ihm gingen so viele Dinge durch den Kopf, und er konnte es kaum glauben, was er an diesem Abend alles erlebt hatte.

Daniel: Was für eine Nacht! Zuerst der wunderschöne Stern, dann die Hirten und das kleine Baby im Stall – das werde ich bestimmt so schnell nicht vergessen. Gleich morgen muss ich der Lehrerin davon erzählen.

… damals …

Schattenspiel (nicht nur für Kids)

★ **Anzahl der Spieler:** 8

★ **Zielgruppe:**
Kinder (z.B. für eine Kinderkirch- oder Kindergartenweihnachtsfeier

★ **Dauer:** ca. 20 Minuten

★ **Requisiten:**
Schattenspielfiguren, Leinwand, Lichtquelle

★ **Besonderer Hinweis:**
Damit das Schattenspiel gelingt, müssen die Figuren ganz dicht an die Leinwand gehalten werden.

★ **Inhalt:**
Teké, ein Junge, ist auf der Suche nach dem Inhalt von Weihnachten und erfährt von einer Maus, was damals geschah und was es für uns heute bedeutet: Jesus ist wie ein Schutzschild für uns Menschen.

★ Szene 1

(*Teké, Bäumchen*)

Teké: Thh! Ein Tannenbäumchen! Das erinnert mich schon wieder an Weihnachten. Ach ja Weihnachten. Immer und überall hört man nur Weihnachten!

Baum: Freust du dich auch nicht auf Weihnachten?

Teké: Na ja. Die Geschenke sind ja schon ganz toll, aber ...

Baum: Aber?

Teké: Aber ich kann an Weihnachten doch gar nicht Fußball spielen ...

Baum: Wegen dem Schnee?

Teké: Ja, und außerdem muss man da immer in so feinen Klamotten rumhüpfen! Freust du dich denn auch nicht auf Weihnachten?

Baum: Nein, denn wenn mich jemand als Weihnachtsbaum holt, dann werde ich nach Weihnachten einfach weggeworfen!

Teké: Hmmm ... Weißt du was? Ich beschütz dich. Ich stelle hier neben dir ein Schild auf: »Dieser Baum gehört Teké!«, dann rührt dich niemand an.

Baum: Au ja! Das ist lieb von dir!

(*PAUSE*)

Aber sag mal, Teké – so heißt du doch?!

Teké:	Ja!
Baum:	Sag mal – Warum feiert ihr denn eigentlich Weihnachten?
Teké:	Siehst du – das ist noch ein Grund, warum ich mich nicht auf Weihnachten freu: ich weiß nicht, warum ich Weihnachten feiern soll, darum feier ich auch nicht gern!
Baum:	Hast du noch nie versucht herauszufinden, warum ihr feiert?
Teké:	Doch, schon. Aber die Frage ist mir meist erst an Weihnachten eingefallen. Und da waren dann alle so beschäftigt – mit Geschenken und Essen und so.
Außerdem:	Ich weiß gar nicht, ob überhaupt jemand weiß, was Weihnachten ist!
Baum:	Dann versuch doch jetzt mal etwas über Weihnachten zu erfahren!
Teké:	Meinst du, ich kann das?
Baum:	Na klar. Bitte versuch's doch! Ich will so gerne wissen, was Weihnachten ist!
Teké:	Ok! Ich suche nach Weihnachten. Ich erzähl dir dann, was ich herausgefunden hab! Aber erst stell ich noch dein »Schutzschild« auf! (*stellt Schild neben Baum auf*)
Baum:	Danke, Teké! Mach's gut! (*Teké ab.*)

★ SZENE 2

(*Teké, kurz darauf Charly -Schneeflocke -*)

Teké: Wo soll ich bloß anfangen zu suchen? Wo kann ich meine Suche beginnen? Wer könnte mir nur helfen?

Charly: *(schwebt hoch in der Luft)* Hallo, hallo!
Du da – suchst du was?

Teké: Was? Wer spricht da?

Charly: Ich natürlich!

Teké: Wo bist du?

Charly: *(tänzelt)* Hier, hier oben! Hol mich doch bitte mal herunter zu dir! *(Teké holt sie)*

Charly: Hallo. Und danke! – Nach was suchst du denn? Und wie heißt du? Und was hast du da *(tänzelt zeigend zu Tekés Ball)* in deiner Hand?

Teké: Also: Ich suche nach Weihnachten, heiße Teké und in meiner Hand halte ich meinen Fußball. Ich spiele nämlich Fußball, aber jetzt geht es nicht, weil Schnee liegt und weil man wegen Weihnachten so unanständig fein herumlaufen muss!

Charly: Aha! Und deswegen willst du wissen, was es mit Weihnachten auf sich hat?

Teké: Genau! Kannst du mir vielleicht helfen?

Charly: Nein, aber ich will gerne mit dir suchen.
Darf ich?

Teké: Klaro!!

Charly: Ich heiße übrigens Charly und ich bin ...

Teké: ... eine Schneeflocke! – Das seh ich!

(beide in Tekés Bewegungsrichtung ab)

★ Szene 3

(Teké, Charly von links im Anmarsch;
rechts in der Ecke: Hirtenjunge; später Esel Eli hinzu)

Charly: Hej, Teké, schau mal! Dort hinten steht ein Hirtenjunge. Den könnten wir fragen!

Teké: Und du meinst wirklich, er weiß was? Aber du fragst, Charly!

Charly: Jaja! Komm schon!
(beim Hirtenjunge angekommen)

Charly: Hallo du, Hirtenjunge!

Hirtenjunge: Hallo!

Charly: Du, wir suchen nach Weihnachten! Kannst du uns was darüber sagen?

Hirtenjunge: Weihnachten? Na ja – da kriegt man Geschenke und manchmal schneit es!

Charly: So schlau sind wir auch. Nein, ich meine, warum feiert man Weihnachten?

Hirtenjunge: Warum? Tja, mein Opa hat früher mal was von einem Kind in der Krippe erzählt. Und von vielen, vielen tausend Engeln! Das ist aber schon lange her. Ich war noch sehr, sehr klein damals, als er mir das immer wieder erzählte. – Wartet – ich rufe meinen alten Esel. Er war mit meinem Großvater überall dabei. Vielleicht kennt er die Geschichte noch ! – Eli, Eli komm mal her!!

Esel: *(kommt angetrottet)*
Da bin ich schon! Was ist denn hier los?

Teké: *(gespannt und atemlos)*
Sag uns bitte: Warum ist Weihnachten so ein Fest?

Esel: Wooh, da weiß ich was!

Charly: Echt? Erzähl schnell!!!

Esel: Na ja, ein Vorfahre von deinem Opa, Johannes, der hatte einen Eselsvorfahren von mir in einer kalten Nacht in den Stall von einem Wirt aus dem Dorf gebracht. Da stand er immer, wenn es kalt wurde! An diesem Abend öffnete sich die Tür und eine junge, schwangere Frau und ihr Mann kamen herein ...

Teké: Und dann?

Charly: Ja, was ist dann passiert?

Esel: *(verlegen und kleinlaut)*
Dann ist mein Vorfahre eingeschlafen!

Charly: So ein Esel!!

Esel: Aber sein Freund, der Ochse, hat ihm später freudestrahlend von einem großen König erzählt!

Teké: Wo sind die Nachkommen dieses Freundes jetzt? Wohnt noch ein Ochse in dem Stall?

Esel: Das glaube ich kaum. Es war dort immer schon zu zugig. Aber ihr könnt den Stall ja trotzdem suchen. Vielleicht wohnen noch kleine Tiere dort, deren Vorfahren in dieser Nacht dabei waren.

Charly: Wo ist der Stall?

Esel: Dort unten beim Dorf!

Charly: Danke Eli und Hirtenjunge!

(Charly, Teké eilig ab)

★ Szene 4

(Charly, Teké laufend; unscheinbarer Stern)

Teké: Meinst du, wir finden jemanden in dem Stall?

Charly: Vielleicht ist das alte Gemäuer längst zerfallen.

Teké: Oh nein! Hoffentlich nicht!

Stern: Was sucht ihr?

Charly: Teké, hast du gerade was gesagt?

Teké: Ich? Nein! Aber ich habe auch eine Stimme gehört!

Stern: Hej, ihr beiden! Ihr müsst etwas höher schauen. *(blinkt – Licht an und aus)* Ich bin nur klein und unscheinbar!

Teké: Ach da bist du! Wir suchen einen alten Stall!

Charly: Darin ist damals ein Kind geboren worden – stell dir das mal vor!

Stern: Oh ... Ich ... oh!

Charly: Was ist denn?

Stern: *(begeistert)*
Ich kann euch helfen. Ich, der kleine, unscheinbare Stern!

Teké: Ehrlich?

Stern: Ja! damals, in jener Nacht, war ein Stern von uns so hell und schön geworden, dass er Hirten und später sogar fremden Gelehrten den Weg zum Stall mit dem Kind zeigen durfte. Ich war ganz neidisch auf seinen hellen Glanz und bin ihm gefolgt! Darum weiß ich jetzt ganz genau den Weg zum Stall! Ich kann euch hinführen, wenn ihr wollt!

Charly: Na klar wollen wir das!

Stern: Also kommt, ich führ euch hin!

(Geht mit den anderen los. Der Stall wird an die Leinwand geklebt.)

Stern: Hier sind wir!

Teké: Danke, Sternchen! Mach's gut!

Stern: Ihr auch! Alles Gute auf eurer Suche! Adieu!

Charly: Adieu!

(Charly und Teké treten in den Stall ein.
Mola, die Spinne, hängt in ihrem Netz zwischen den Balken.)

Charly: Hallo, ist hier jemand?

Teké: Hallo???

Charly: Scheint niemand da zu sein.

Teké: Oh Mann! Der ganze Weg umsonst!

Mola: He! Bin ich etwa niemand?

Charly: Eine Spinne!

Mola: *(pikiert)* Ich heiße Mola!

Teké: Ja, also liebe Mola, kannst du uns wohl sagen, was es mit dem Kind auf sich hat ...

Mola: ... das damals hier geboren wurde? Nein!

Teké: Ach schade! Mein kleines Bäumchen fängt sicher schon an, ungeduldig zu werden! Glaubst du nicht auch, Charly?

Charly: Sicher! Warum weißt du denn nichts über das Kind, Mola? Du weißt doch zumindest, dass es hier geboren wurde!

Mola: Als das Kind geboren wurde, habe ich doch noch nicht hier gewohnt. Aber Luni, die verrückte Maus, hat mir andauernd davon erzählt! Kapiert hab ich's trotzdem nie! Am besten, ihr fragt sie selbst!

Charly: Wo ist Luni jetzt?

Mola: Na die! Die wohnt jetzt in der Kirche! Als fromme Kirchenmaus! Sie sagt, sie muss noch lernen!

Teké: Oh danke, Mola, da müssen wir sofort hin! Ich glaube, mein Bäumchen muss nicht mehr allzu lange warten!

(Teké, Charly rennen davon.)

Mola: *(spöttelnd)* Da rennen die Verrückten! das Kind ... Pfff ... was die nur alle damit haben??!

★ Szene 5

(Charly, Teké im Anmarsch auf die Kirche – diese wird auf Leinwand geklebt. Als sie »eintreten« wird die Kirche weggenommen. Kurz darauf kommt Luni hinzu.)

Teké: Luni! Luni! Bist du da?

Charly: Luuuuuuniii!

Luni: *(kommt aus einer Ecke hervor)* Ich komm ja schon, ich komm ja schon! Was ist denn los?

Charly: Hallo! Du bist also Luni!

Teké: Entschuldige, dass wir so aufgeregt und ungeduldig sind. Aber wir suchen schon so lange nach dem Grund von Weihnachten! Mein Bäumchen wartet sicher schon ganz gespannt!

Luni: Dein Bäumchen? Wer ist denn das?

Teké: Ein kleines Bäumchen im Wald. Es hat Angst, dass jemand kommen könnte, um es als Weihnachtsbaum zu holen. Deswegen habe ich ein Schild neben es gestellt. Da steht drauf, dass das Bäumchen mir gehört. Dann holt bestimmt niemand den Baum! Außerdem will mein Bäumchen genauso gerne wie wir beide wissen, warum und was wir an Weihnachten feiern!

Charly: Und Mola hat gesagt, du weißt alles über Weihnachten. Stimmt das?

Luni: *(schmunzelnd)*
Ich weiß nicht, ob ich alles weiß. Ich bin zwar jetzt schon ziemlich alt, aber ich glaube, es gibt für mich immer noch viel zu entdecken und zu lernen. Deshalb wohne ich jetzt auch in der Kirche. Da erfahre ich viel von Jesus.

Charly: Jesus? Wer ist das?

Luni: Mein bester Freund.

Charly: Und warum bist du in die Kirche gezogen, um von ihm zu hören? Du kannst ihn doch selbst fragen, was du von ihm wissen willst!

Luni: Jaaa ... Aber mit Jesus – das ist etwas ganz Besonderes!

Teké: Erzähl, Luni, erzähl!

Luni: Gut. Die Geschichte wird in unserer Familie von Generation zu Generation weitergegeben. Ich will sie euch aber gerne erzählen: Also, eines Abends öffnete sich die Stalltür ...

Charly: ... und eine junge, schwangere Frau und ihr Mann traten ein! Das wissen wir schon!

Luni: Ihr habt wohl Eli getroffen, was?! Na ja, die Frau brachte in dem Stall ihr Kind zur Welt und nannte es Jesus. Aber er war kein normales Baby, sondern Jesus ist Gottes Sohn!

Teké: Waaas? Woher weißt du denn das?

Luni: Die Frau und der Mann haben es gesagt. Und die wussten es von Gott persönlich. Außerdem

kam so viel Besuch in den alten Stall; die Hirten alle und drei mächtig schlaue Männer aus einem fremden Land! Man merkte richtig, dass Gott in diesen Stall gekommen ist. All der Besuch ging so fröhlich heim.
Und als ich die Geschichte von meinem Großvater immer wieder erzählt bekam, da wurde es auf einmal auch ganz fröhlich in meinem Leben! Ich wusste: Gott hat seinen Sohn zu uns geschickt. Er will uns zeigen, wie lieb Gott uns hat. Jesus hat uns die Tür zu Gott aufgemacht!

Teké: Warum war die Tür zu?

Luni: Weißt du, in meinem und deinem Leben gibt es vieles, was Gott nicht gefällt: Streit und Lüge und Unfreundlichkeit und noch so viel mehr. Das hat die Tür zu Gott zugebaut. Aber Jesus hat die Tür wieder aufgerissen. Er ist nämlich am Kreuz für all diese schlimmen Dinge gestorben.

Charly: Was, Jesus ist tot???

Luni: Ich hab nur gesagt, er ist gestorben. Jetzt ist er wieder bei Gott, seinem Vater im Himmel. Er ist nämlich wieder lebendig geworden!

Teké: Waaaas?

Charly: Woher weißt du das, Luni?

Luni: Von dem Pfarrer hier in der Kirche. Jetzt wisst ihr auch, warum ich in die Kirche gezogen bin. Um immer mehr von Jesus zu erfahren. Und davon, wie man mit Jesus lebt. Außerdem hat Gott versprochen, dass Jesus wieder lebendig wird.

Teké: Aber warum musste er denn überhaupt sterben?

Luni: Die bösen Dinge, von denen ich vorhin erzählt habe, gefallen Gott gar nicht. Jesus ist der Einzige, der für die bösen Dinge von uns allen sterben konnte. Wenn du zu Jesus sagst: Ja, ich glaube, dass du der Einzige bist, der mir diese bösen Sachen wegnehmen kann!
Wenn du das zu Jesus sagst, dann steht dir die Tür zu Gott gaaanz weit offen. Du kannst hinein rennen – direkt in Gottes Arme!
Und keiner kann dich jemals wieder wegreißen von Gott. Jesus ist für dich wie ein Schutzschild.

Teké: Wie das Schutzschild von meinem Bäumchen?

Luni: Genau so! Da steht dann drauf: »Gehört zu Jesus!« Und weil Jesus der Mächtigste der Erde ist, kann dich gar niemand wieder wegnehmen von deinem Freund! Und Jesus hat nur das Beste mit dir vor, weil er dich so unendlich liebt!

Charly: So unendlich, dass er sogar für mich gestorben ist!!!

Luni: Genau. Jesus ist dein bester Freund. Er macht dein Leben hell. Er scheint richtig hinein.
Er überflutet dich mit Liebe!

★ Letzte Szene

(Teké, Charly beim Bäumchen.)

Teké: ... und stell dir vor, Bäumchen, Jesus ist ein viel mächtigeres Schutzschild als du dir vorstellen kannst.

Charly: Er liebt dich so sehr, mehr als du dich selbst liebst!

Baum: Und Weihnachten ist sein Geburtstag.
Der Geburtstag meines allerbesten Freundes!

(Licht aus.)

Liedvorschlag: *Jesus, dein Licht (Shine, Jesus, shine)*

Christus unser Erlöser

★ **Anzahl der Spieler:** 15
(M = Maria, J = Josef, W = Wirt, K = Kind des Wirts (Junge oder Mädchen), G1 – G3 = Gäste am hinteren Tisch, G4 = Gast am vorderen Tisch, F = nachträglich einkehrender Fremder, H1 – H6 = sechs Hirten mit Hirtenstab, Beutel und einem Plüsch-Schaf auf dem Arm, falls vorhanden; entsprechende Kleidung der damaligen Zeit für alle)

★ **Zielgruppe:**
Kinder (z.B. für eine Kinderkirch- oder Kindergarten-weihnachtsfeier)

★ **Dauer:** ca. 20 Minuten

★ **Besonderer Hinweis:**
Bühnenbild:
Linke Seite: die Herberge mit 2 Tischen und 5 Stühlen, am hinteren Tisch sitzen 3 Personen, am vorderen nur eine.

- Auf jedem Tisch befinden sich Becher und je 1 Krug.
- Ein Tisch im Hintergrund dient als Tresen, auf dem Körbchen stehen, die mit Brot und Obst gefüllt sind.
- Einige Krüge und Becher stehen ebenfalls auf dem Tresen sowie Teller.
- Ein Handtuch, ein Besen; Wolldecke für Josef, einige Würfel. Rechte Seite: angedeuteter Stall; eine Futterkrippe, unter deren Stroh
  - eine Puppe verborgen ist,
  - eventuell ein Weidenkorb,
  - ein Eimer, eine Heugabel usw.,
  - ein Schemel, auf dem Maria sitzen kann.

Zwischen beiden Seiten steht eventuell eine Grünpflanze.

Wenn möglich sollte der Weihnachtsstern über dem Stall hängen, zunächst dunkel und beim Erscheinen des Jesus-Kindes hell beleuchtet werden.

★ **Inhalt:**
Die Weihnachtsgeschichte, Leute aus Bethlehem unterhalten sich über die alten Prophezeiungen, währenddessen tauchen Maria und Josef auf und Jesus wird geboren.

F: Guten Abend. Kann ich mich hier etwas aufwärmen und eine kleine Mahlzeit einnehmen?

W: Bitte sehr, ein Stuhl ist noch frei.
(F setzt sich und grüßt die bereits sitzenden Gäste.)

W: Aber zu Essen gibt es nicht mehr viel. Nur Brot und Früchte sind noch da.
Seit Kaiser Augustus die Zählung angeordnet hat, werden wir von Gästen geradezu überschwemmt. – In meiner Herberge ist jedes Zimmer überbelegt und der Vorratskeller ist fast leer. Selbst der Wein ist ausgegangen. Es gibt nur noch Wasser.

F: Das macht nichts. Hauptsache, ich kann mich etwas ausruhen und stärken.

G4: Woher kommst du, Fremder?

F: Ich wohne im Gebirge Juda und bin vor einigen Tagen zum Tempel nach Jerusalem gewandert, um in den alten Schriften zu studieren. Dabei ist mir etwas Erstaunliches aufgefallen und darum bin ich schnellstens hierher geeilt.

G4: Da bin ich aber gespannt. Erzähle es uns bitte.

F: In seiner Schriftrolle schreibt Daniel, dass er in einer Vision die genaue Zeitangabe bekam, wann der Messias auftreten würde. Und diese Zeit ist jetzt bald angebrochen.

G2: Haha! Du glaubst wohl an diese Märchen! Damit sollte unserem Volk doch nur Angst eingejagt werden.

(Die Gäste, der Wirt und sein Kind stehen jetzt alle um F herum.)

G3: Und außerdem, was hat das mit unserer kleinen Stadt Bethlehem zu tun?

F: Nun, wenn ihr mich nicht dauernd unterbrecht, werde ich es euch sagen.
Beim Propheten Micha habe ich einen weiteren Hinweis gefunden, da steht:
»Und du, Bethlehem Efrata, die du klein bist unter den Städten in Juda, aus dir soll mir der kommen, der in Israel Herr sei, dessen Ausgang von Anfang und von Ewigkeit her gewesen ist« (Micha 5,1).

G4: Der Herr in Israel ist König Herodes und dessen Sohn wird wohl kaum hier in Bethlehem geboren werden.

G1: Wartet mal, da fällt mir auch eine Stelle ein, die vor einiger Zeit am Sabbat aus der Schriftrolle Jesajas gelesen wurde: »Denn uns ist ein Kind geboren, ein Sohn ist uns gegeben, und die Herrschaft ruht auf seiner Schulter; er heißt Wunder-Rat, Friede-Fürst und ...«

(G2 unterbricht ihn.)

G2: Noch so ein Märchenerzähler! Bei unserem König Herodes kannst du wirklich dein blaues Wunder erleben, wenn du solche Geschichten verbreitest. Und an Friede denkt er überhaupt nicht, höchstens an Folter und Krieg.

W: Und ich habe gehört, dass Jesaja in seinen Schriften sagt, dass eine Jungfrau schwanger ist und einen Sohn gebären wird, den sie Immanuel nennt. Wie soll denn eine Jungfrau ein Kind bekommen?

F: Bei Gott ist nichts unmöglich!
Bis jetzt ist immer alles eingetroffen, was vorausgesagt wurde. Ihr könnt es selbst nachlesen. Ich glaube jedenfalls an die Prophezeihungen und auch an das Versprechen Gottes, dass er einen Erlöser senden wird.

(Während F die letzten Worte spricht, erreichen Maria und Josef von der linken Seite her oder vom Mittelgang die Herberge – Josef trägt eine zusammengerollte Decke unter dem Arm.)

J: Guten Abend! Könnte ich bitte einmal den Wirt dieser Herberge sprechen?

(W tritt vor und betrachtet die beiden Neuankömmlinge sehr geringschätzig, da sie ärmlich gekleidet sind. Das Kind lugt hinter dem Rücken seines Vaters hervor.)

W: Was wollt ihr von mir? *(barsch)*

J: Verzeiht, dass wir so spät noch stören, aber wir kommen aus Nazareth wegen der Volkszählung und suchen ein Nachtquartier.

W: Tut mir Leid, bei uns ist alles belegt.

K: Aber sieh nur Vater, die ist völlig erschöpft und ich glaube, sie bekommt ein Baby.

W: Was geht das mich an?

M: Bitte, Herr Wirt, wir brauchen nicht viel Platz *(flehend)*.

W: Nein, tut mir Leid!

(K zieht am Gewand ihres Vaters.)

K: Vater, Vater, wir haben doch noch den Stall. Dort könnten sie die Nacht über bleiben.

W: Wenn es unbedingt sein muss! *(brummig)*

K: Kommt, ich zeige euch den Weg.

J: Vielen Dank, mein Kind!

M: Gott segne dich!

(Die 3 gehen Richtung Stall, wo Josef seine Decke ausbreitet und Maria sich erschöpft auf den Hocker neben der Krippe setzt; das Kind geht zurück zur Herberge.)

G1: Wirt, willst du den beiden nicht etwas zu essen bringen?

W: Das fehlte noch, wo wir kaum selbst satt werden. Wenn sie einen Beutel Silberlinge hätten, dann vielleicht. Aber die beiden sind ja bettelarm, das sieht man gleich. Es reicht schon, wenn sie umsonst in meinem Stall schlafen dürfen.

(Während W dies sagt, hat K heimlich einen Korb mit Brot und Obst und einen Krug Wasser in die Hände genommen und schleicht sich hinter dem Rücken des Vaters aus dem Haus zum Stall hinüber. Maria hat unterdessen das Stroh über der Puppe entfernt, so dass das Jesuskind zu sehen ist).

G2: Wollen wir uns die Zeit mit einem Würfelspiel vertreiben?

(Alle Gäste und der Wirt stimmen zu, setzen sich um einen Tisch und würfeln leise, während K im Stall die Nahrungsmittel verteilt.)

J: Du bist ein gutes Kind, vielen Dank.

M: Vielen Dank.

K: Oh, da liegt ja ein Baby in der Krippe. Wie schön es ist.

(K betrachtet liebevoll das Baby.)

M: Dank deiner Nächstenliebe musste es nicht im Freien geboren werden.

J: Wir werden dir das nie vergessen.

K: Dieses Baby hat eine wundersame Ausstrahlung, wie ich es bei meinen sieben kleinen Geschwistern noch nie erlebt habe. – Es muss etwas Besonderes sein.

M: Ja, das glaube ich auch.

(Während dieses Gesprächs haben sich langsam die 6 Hirten von der rechten Seite oder dem Mittelgang her in Bewegung gesetzt und sind jetzt beim Stall angekommen.)

H1: Ich glaube, hier sind wir richtig. In diesem Stall wurde ein Kind geboren.

H2: Ja, und es liegt in Windeln gewickelt in einer Krippe.

H3: Genau wie der Engel auf dem Feld zu uns gesagt hat.

K: Ihr habt einen Engel gesehen?

(Wirt und Gäste werden auf die Besucher beim Stall aufmerksam und kommen herüber.)

H4: Zuerst hat nur ein Engel zu uns gesprochen: Fürchtet euch nicht! Siehe ich verkünde euch große Freude, die allen Völkern widerfahren wird.

H5: Denn euch ist heute der Heiland geboren, welcher ist Christus, der Herr, in der Stadt Davids.

H6: Und ein Zeichen nannte er uns: Ihr werdet finden das Kind in Windeln gewickelt und in einer Krippe liegen.

K: Das stimmt alles genau!

H1: Plötzlich waren viele Engel um uns herum.

H2: Sie lobten Gott und sprachen:

H3: Ehre sei Gott in der Höhe und Friede auf Erden bei den Menschen seines Wohlgefallens (vgl. Lukas 2, 10-14).

H4: Sie sangen wunderschön und dann fuhren sie wieder in den Himmel.

H5: Ja, und wir sind jetzt hierher gekommen, um den Heiland anzubeten.

(Einige knien nieder.)

G4: Ich glaube, ich muss auch mal die heiligen Schriften studieren.

G3: Dann scheinen die alten Propheten ja doch Recht gehabt zu haben.

G2: Ja, es sind also doch keine Märchen. Unfassbar!

G1: Das ist wirklich überaus erstaunlich!

W: Ein König in meinem Stall? Wenn ich das gewusst hätte!

K: Mein Herz gehört dir, kleiner Gottessohn.

F: Gepriesen sei Gott, der uns einen Erlöser gesandt hat!

H6: Kommt, Freunde, lasst uns durch die Stadt gehen und allen Menschen von diesem Wunder erzählen!

Alle rufen freudig: Ja, ja, lasst uns gehen!

(Mit diesen Worten verlassen alle die Bühne nach verschiedenen Richtungen.)

Die besondere Nacht

★ **Anzahl der Spieler:** 8
(Esel – Ochse – Josef – Maria – Wirt – 3 Hirten)

★ **Zielgruppe:**
Kinder (z.B. für eine Kinderkirch- oder Kindergartenweihnachtsfeier

★ **Dauer:** ca. 25 Minuten

★ **Inhalt:**
Ochse und Esel erleben in einem Stall die Geburt von Jesus mit.

Esel: Ia, ia! Nein, ist das heute wieder einmal langweilig gewesen. In unserem Stall passiert aber auch wirklich überhaupt nichts.

Ochse: Was beschwerst du dich, Esel. Sei froh, dass du in einem warmen Stall deinen Hafer fressen kannst und nicht draußen auf dem Feld arbeiten musst.

Esel: Ich will mich ja gar nicht beschweren, lieber Ochse, im Gegenteil. Ich bin unserem Herrn, dem Wirt vom Goldenen Lamm, sehr dankbar, dass er uns Alte so schont und uns das Gnadenbrot schenkt.

Ochse: Na also, dann sei auch still.

Esel: Aber so ein wenig was anderes als den gewöhnlichen täglichen Trott wünsche ich mir doch noch an meinem Lebensabend. Nicht immer nur Hafer fressen und schlafen.

Ochse: So wichtig bist du nun auch wieder nicht, lieber Freund, dass wegen dir altem Esel etwas Besonderes in unserem Stall passieren müsste.

Esel: Ich weiß, ich weiß. *(wackelt mit seinem Kopf traurig hin und her)* Ich bin alt und grau und zu nichts mehr zu gebrauchen und dennoch: einmal möchte ich doch etwas ganz Tolles, Einmaliges erleben.

Ochse: Wer möchte das nicht *(gähnt laut)*. Nun schließe aber deine Augen und schlafe. Sieh nur, draußen ist es schon ganz dunkel geworden.

Esel: Ich kann einfach noch nicht schlafen, so viele Gedanken schwirren mir durch den Kopf und außerdem – seit einigen Tagen scheint durch unser kleines Stallfenster ein eigenartig heller Stern.

Ochse: Nun behaupte nur noch, dieser Stern hindere dich am Einschlafen. Weißt du was, Esel, du wirst in letzter Zeit sehr eigenartig.

Esel: Sieh doch selbst aus dem Fenster. Schau nur, hat der Stern nicht einen ganz langen Schweif?

Ochse: Du hast Recht, Esel. Er scheint viel heller als alle anderen Sterne. Und bist du sicher, dass er erst seit einigen Tagen am Himmel zu sehen ist?

Esel: Wenn ich es dir doch sage, Ochse, ich kenne mich mit Sternen aus. Mit irgendetwas muss man sich doch beschäftigen, wenn man tagein und tagaus nur in einem Stall bei einem Ochsen steht.

Ochse: Nun aber mal langsam, mein Freund, was heißt »nur bei einem Ochsen«?

Esel: Entschuldige, ich habe es nicht böse gemeint, aber glaube mir, diesen Stern habe ich bis vor einigen Tagen noch nicht am Himmel gesehen.

Ochse: Ich will es dir glauben, denn ich kenne mich mit Sternen überhaupt nicht aus, kurz gesagt: sie sind mir schnuppe. Aber nun schließ die Augen und lass uns endlich schnarch ... d.h. schlafen.

Esel: Wenn es möglich ist, dann schnarch nicht so laut. Gute Nacht.

Ochse: *(gähnt)* Wer schnarcht hier? Gute Nacht.

Die Bühne wird ganz dunkel. Durch ein kleines Fenster scheint der Stern sehr hell herein. Der Esel wiegt traurig seinen Kopf. Der Ochse ist bereits eingeschlafen, leise schnarchend. Da öffnet sich knarrend die Stalltür. Herein treten Josef, Maria und der Wirt vom Goldenen Lamm. Der Esel hebt erstaunt den Kopf während der Ochse weiterschläft. Der Wirt hält seine Lampe hoch und beleuchtet den Stall.

Wirt: *(zu Josef und Maria gewandt)*
Hier könnt ihr von mir aus übernachten. Es ist zwar nur ein Stall, aber immer noch besser als draußen auf dem Feld zu übernachten.

Josef: Was müssen wir für die Unterkunft hier bezahlen, Herr Wirt?

Wirt: *(schüttelt den Kopf)* Nein, nein. Ihr müsst mir nichts bezahlen. Es ist doch nur eine armselige Unterkunft, die ich euch geben kann, aber ihr habt ja gesehen, mein Gasthaus ist völlig belegt. Fremde, nichts als Fremde in unserem Dorf Bethlehem und das alles wegen dieser Volkszählung des Kaiser Augustus.

Josef: Wegen dieser Volkszählung musste ich mit Maria, meiner schwangeren Braut ja auch diesen weiten Weg von Galiläa bis hier her machen. Und nur weil meine Vorfahren aus Bethlehem stammen.

Maria: *(Josef hat ihr fürsorglich auf ein Lager mit Stroh geholfen.)* Wir sind ihnen so dankbar, Herr Wirt, dass wir wenigstens hier in dem Stall übernachten können. Ich spüre, dass mein Kind bald zur Welt kommen wird.

Wirt: Meine Laterne lasse ich euch hier, damit es nicht gar zu finster ist. Euren Esel müsst ihr allerdings draußen stehen lassen, im Stall hat er keinen Platz mehr zwischen Esel und Ochse dort. – Ich wünsche euch eine gute Nacht. *(Er verlässt den Stall.)*

Josef: *(hängt die Laterne an einen Haken)*
Maria, leg dich doch etwas auf das Stroh und ruhe dich aus. Komm, ich decke dich zu, damit du nicht frierst. *(legt eine Wolldecke um sie)*

Maria: Oh, tut das gut. Meine Beine schmerzen doch sehr. Mein ganzer Körper tut mir weh von dem langen Weg auf dem Esel. Wie gut, dass unsere Reise nun zu Ende ist.

Josef: Dass Kaiser Augustus aber auch gerade jetzt diese Zählung durchführen lässt. Ist es ihm so wichtig zu erfahren, wie viele Menschen in seinem Weltreich leben?

Maria: Lass es gut sein, Josef, reg dich nicht mehr darüber auf, es hat doch keinen Sinn. Außerdem geht es mir ja schon wieder gut.

Josef: Eigentlich war es ja unverantwortlich den weiten Weg von Nazareth bis hier nach Bethlehem mit dir zu wagen, in deinem Zustand.

Esel: Ia, ia *(sehr leise und erstaunt)*, was höre ich da für fremde Stimmen? Träume ich? Da war doch eben auch mein Brotgeber, der Wirt gewesen? *(reibt sich umständlich die Augen)* Nein wirklich, da sitzt ja ein junges Pärchen in unserem Stall, so, als ob es keinen besseren Platz auf der Welt gäbe als hier bei uns Tieren.
He, Ochse! Wach auf, Freund. *(Er rüttelt am Ochsen, doch der schläft seelenruhig weiter.)* Ochse, hörst du nicht, wir haben Besuch? Mitten in der Nacht. Seltsam, findest du nicht auch?

Ochse: *(hebt den Kopf, gähnt laut, streckt sich)* Was ist los, Esel? Ich habe gerade so schön geträumt, von duftendem Heu, ach roch das gut.

Esel: Sieh doch nur, Ochse.

Ochse: *(schnarcht laut)*

Esel: *(rüttelt wieder am Ochsen)* Sieh doch nur, wie liebevoll der junge Mann die junge Frau zugedeckt hat. Sie muss ja völlig erschöpft sein. – Habe ich richtig gehört? »Nazareth« hat er gesagt. Aus Nazareth kommen sie, aus Nazareth stamme ich doch auch, das ist doch auch meine Heimatstadt. Dort wurde ich vor vielen Jahren als junges Eselfüllen an meinen Herrn, den Wirt, verkauft. Ach, waren das noch Zeiten.
Ochse, hör doch, die beiden jungen Leute kommen aus meiner Heimat. Wach endlich auf, du Schlafpelz, ich fühle, dass es etwas Besonderes mit dieser Nacht auf sich hat.

Ochse: *(wacht endlich auf)* Mein lieber Esel, bei aller Liebe, gönnst du mir vielleicht jetzt endlich meine Nachtruhe. Du bist ein richtiger Quälgeist. Schlaf endlich!

Esel: Wie kann man denn in einer solchen Nacht schlafen. Endlich passiert einmal etwas in unserem Stall und was tust du? Du verschläfst die Zeit. Sieh nur, jetzt nimmt der junge Mann unsere Futterkrippe ...

Ochse: Waaaaas??? Unsere Futterkrippe? Das ist ja Diebstahl. Ja, ist er denn völlig übergeschnappt? Da ist doch unser Futter für morgen früh drin. He, junger Mann, sofort stellst du die Krippe wieder dorthin, wo du sie geholt hast, verstanden? Sich an fremdem Eigentum zu vergreifen, das haben wir besonders gern, nicht wahr, Esel?

Esel: Nun rege dich wieder ab, Ochse. Aber es ist doch sehr interessant. Wenn es um dein Futter geht, dann bist du plötzlich hellwach.

Ochse: Sonst habe ich doch keine Freude mehr im Leben. Nur mein Futter ist mir noch geblieben und das lasse ich mir nicht so ohne weiteres wegnehmen.

Esel: Was tut der junge Mann denn jetzt?

Josef: Maria, schau, wir können doch wunderbar diese Krippe als Bettchen für unser Kind nehmen. Ich lege noch etwas Stroh hinein und darüber eine Windel und schon ist die Krippe ganz behaglich weich und warm.

Maria: Josef, du kannst doch den Tieren nicht ihre Futterkrippe wegnehmen.

Josef: Sie sehen so friedlich aus, der Esel und der Ochse, sie haben sicher nichts dagegen.

Esel: Hast du das gehört, Ochse. Er hat uns friedliche Tiere genannt, die sicher nichts dagegen haben, wenn er für ihr Kind unsere Futterkrippe nimmt.

	Findest du nicht, dass es ganz nette junge Leute sind oder murrst du noch immer herum?
Ochse:	Unsinn, Esel, natürlich können sie unsere Krippe benutzen. Nuuuur! Er hat von ihrem Kindchen gesprochen. Wo ist es eigentlich, ich sehe keines? Du etwa?
Esel:	Nein, ich sehe auch keines. Aber warten wir doch einfach ab, was die Nacht noch alles für Überraschungen für uns bereit hält. Lass uns jetzt schlafen, ich glaube, die jungen Leute wollen das auch tun.

Josef löscht die Laterne. Es wird still im Stall, Mensch und Tier schlafen. Kurze Zeit später. Kindergeschrei ist zu hören. Ein Kind wurde geboren.

Esel:	*(reißt den Kopf hoch, schaut sich um)* Nanu, was war das eben für ein Schrei? *(zerrt am Ochsen)* Hörst du nicht, Ochse, da hat doch eben ein Kind geschrien.
Ochse:	Wie denn, wo denn, was denn? Ein Kind geschrien? In unserem Stall? – Tatsächlich, ein Kind.
Esel:	Meinst du – meinst du, die junge Frau hat das Kindchen eben erst geboren?
Ochse:	Psst. Sei leise, sonst kann ich nicht verstehen, was der junge Mann spricht.
Josef:	Maria, Maria, es ist ein Sohn. Ein ganz goldiges kleines Kerlchen. Sieh nur.
Maria:	Ich weiß. Der Engel hat es mir doch gesagt, dass ich einen Sohn zur Welt bringen werde, den Sohn Gottes. Und nun reiche mir die Windeln, dass ich unser Kind warm einpacke. Wie gut,

dass du die Krippe hergerichtet hast, darin kann unser Sohn wunderbar liegen.

Esel: Was ist das für ein hübsches Kind. Nein, dass ich das noch auf meine alten Tage erleben darf. Ein Kindchen in unserem Stall geboren.

Ochse: Lieber Freund, nun ist doch noch dein Wunsch in Erfüllung gegangen. Du wolltest doch noch etwas ganz Besonderes erleben.

Esel: Ja, und dass die Eltern auch noch aus meiner Heimat stammen, ich könnte weinen, so schön finde ich das.

Ochse: Nazareth, ist das hier in der Nähe, Esel?

Esel: Ia, I wo. *(schüttelt seinen Kopf)* Nazareth liegt viele Tageswanderungen von hier entfernt, im Norden unseres Landes.

Ochse: Warum das junge Paar denn nicht zu Hause geblieben ist, wo doch ihr Kindchen zur Welt kommen sollte. Das verstehe ich nun nicht, aber vielleicht ist die Jugend von heute ja so.

Esel: Es müssen viele Menschen unterwegs sein. Als unser Herr, der Wirt, dem jungen Paar unseren Stall als Unterkunft überlassen hat, da sagte er, dass sein Gasthaus völlig überfüllt sei von Fremden, wegen dieser Volkszählung.

Ochse: Welche Volkszählung?

Esel: Ich weiß das doch auch nicht. Jedenfalls redete der junge Mann gegen Mitternacht davon zu seiner Braut.

Ochse: Hab ich nicht gehört.

Esel:	Kannst du auch nicht, du hast ja geschlafen wie ein Murmeltier.
Ochse:	Murmeltier? – Was ein echter Ochse ist, der schläft in der Nacht, wie es sich gehört, kapiert?
Esel:	Ist ja schon gut, mein Freund. Aber schau, der Josef; so hat ihn die junge Frau genannt, der Josef löscht die Lampe. Sie werden jetzt auch schlafen wollen. Verdient haben sie es sich aber auch.
Ochse:	Lass uns auch weiterschlafen, lieber Esel. Gute Nacht.
Esel:	Nun werde ich gut schlafen können. Ach, wie bin ich so froh und dankbar für diese wunderbare Nacht. *(gähnt laut)*

Kurze Zeit später. Im Stall ist es ganz ruhig. Leise Stimmen sind von draußen zu hören. 3 Hirten nähern sich dem Stall.

1. Hirte:	Ob wir hier wohl richtig sind? Es ist nur ein Stall mitten auf dem Feld.
2. Hirte:	Schau nur, der Stern. Ist es nicht sonderbar, er steht direkt über dem Stall.
3. Hirte:	Es ist, als ob er uns den Weg zu dem Sohn Gottes zeigen will.
1. Hirte:	Er steht tatsächlich direkt über dem Stall.
2. Hirte:	Wenn ich daran denke, wie der Engel uns mitten auf dem Feld bei unseren Schafen angesprochen hat. Ich habe mich schrecklich gefürchtet.
3. Hirte:	Ich doch auch, Samuel. Der Engel muss es

geahnt haben, denn sonst hätte er doch nicht gesagt: »Fürchtet euch nicht«.

1. Hirte: Wisst ihr, ich begreife nicht, dass er gerade uns Hirten die Botschaft von der Geburt des Heilandes überbracht hat.

2. Hirte: In einer Krippe soll das Kind liegen, in Windeln gewickelt.

3. Hirte: In einer Krippe, der Sohn Gottes! Unvorstellbar, ist sonst kein Platz für ihn da? Wer legt sein Kind schon in eine Krippe in einem Stall?

1. Hirte: Das ist schon sehr seltsam, aber Gott wird sich schon etwas dabei gedacht haben, meint ihr nicht auch?

2. Hirte: Lasst uns einfach in den Stall gehen und nachsehen, ob das Kind dort ist.

Die Hirten treten leise in den Stall, leuchten mit ihren Laternen.

1. Hirte: Seht nur, da liegt ja das Kind wirklich in der Krippe, in Windeln gewickelt wie es der Engel gesagt hat.

2. Hirte: Ja, genau so hat es der Engel gesagt.

3. Hirte: Wir sind am Ziel. Wir haben tatsächlich den Sohn Gottes gefunden.
Welch eine Freude!

1. Hirte: Was für ein hübsches Kind, Jakob.

Josef und Maria sind aufgewacht. Sie schauen erstaunt auf den fremden Besuch mitten in der Nacht.

Esel:	*(reckt sich)* Nanu, was ist denn nur diese Nacht in unserem Stall los? Schon wieder neue Gäste. Das geht ja zu wie in einem Taubenschlag. *(Er schüttelt den Ochsen hin und her.)*
Ochse:	Schon wieder Besuch? Was heißt das, Esel? *(reibt sich die Augen)*
Esel:	Drei Männer sind gekommen. So wie sie aussehen, können es nur Hirten sein. Sie riechen auch so nach Schaf.
Ochse:	Hirten, ganz gewöhnliche Hirten. Du hast Recht, Esel. Man riecht es 100 Meter gegen den Wind.
Esel:	Wieso kommen sie mitten in der Nacht in unseren Stall? Sie müssten doch bei ihren Schafen sein oder etwa nicht?
Ochse:	Keine Ahnung, vielleicht wollen sie sich nur aufwärmen.
Esel:	Hast du gehört was einer der Männer eben gesagt hat? Der Sohn Gottes sei geboren.
Ochse:	Der Sohn Gottes soll geboren sein? Ja, wo denn?
Esel:	Hör doch, Ochse, dieses Kind hier in unserem Stall soll der Sohn Gottes sein. Nein, welch eine Freude, welch eine Freude. Hier in unserem Stall, der Sohn Gottes.
Ochse:	Unsinn, mein Freund, du hast dich bestimmt verhört. Deine Ohren sind auch nicht mehr die besten.
Esel:	Ich habe es ganz genau gehört. Es ist wahr. Aber still, lass uns weiter zuhören, was die Hirten reden.

Die Hirten knien vor der Krippe mit dem Kind.

1. Hirte: Shalom, wir grüßen dich, du Sohn Gottes. Und auch euch, die Eltern, grüßen wir. (*er wendet sich dabei Maria und Josef zu)*

Josef und Maria: Shalom

2. Hirte: Genau so hat es uns der Engel draußen auf dem Felde gesagt.

3. Hirte: Ihr werdet den Sohn Gottes in einem Stall finden, in einer Krippe. Wir haben dem Engel geglaubt, haben unsere Herde zurückgelassen und uns auf die Suche nach euch gemacht.

1. Hirte: Der Stern, der so hell am Himmel steht, direkt über dem Stall, der hat uns den Weg gezeigt.

Esel: Hast du das gehört, Ochse, der Stern hat ihnen den Weg gezeigt. Mir ist er doch auch aufgefallen.

Ochse: (*wiegt seinen Kopf hin und her*) Mh, mh, wirklich interessant.

Esel: Ochse, lieber Freund, weißt du, was das bedeutet? Wir, Ochse und Esel, gehören zu den ersten, die den Sohn Gottes gesehen haben.

Ochse: Neben Maria und Josef, den Eltern, natürlich.

Esel: Ja, natürlich, das ist doch klar, aber dann kommen gleich wir. Wenn meine alten Knochen nicht schon so alt und morsch wären, würde ich einen Luftsprung machen vor Freude.

Ochse: Lass mal lieber die Luftsprünge in deinem Alter, mein Freund. Weißt du, irgendwie spüre ich auch, dass dies eine ganz besondere Nacht ist. Es muss mit diesem Kind zusammenhängen. Eigenartig, sehr eigenartig.

Esel: Dieses Kind hat wieder Hoffnung in unser Leben gebracht. Gott macht uns mit ihm ein ganz großes Geschenk.

Ochse: Er hat dein Bitten erhört, Esel. Du wolltest doch einmal in deinem Leben etwas ganz Besonderes erleben.

Esel: Ja, Gott hat mein Bitten erhört und mir das schönste Geschenk gemacht, das es nur geben kann, nämlich die Geburt seines Sohnes mitzuerleben. Aber er hat ja nicht nur mich beschenkt, sondern auch dich und die Hirten, ja die ganze Welt. Dafür wollen wir ihm dankbar sein.

Ochse: Meinst du, lieber Esel, jetzt könnten wir so allmählich ans Schlafen denken?

Esel: So gut wie wir jetzt schlafen werden, haben wir unser ganzes Leben noch nicht geschlafen, meinst du nicht auch, alter Freund?

Ochse: *(gähnt ganz laut)* Gute Nacht.

Esel: Gute Nacht.

Ochse und Esel legen ihre Köpfe zusammen und schlafen ein.

Christines Weihnachtsgeschichte

★ **Anzahl der Spieler:** 9

★ **Zielgruppe:** Kinder

★ **Dauer:** 8 Minuten

★ **Requisiten:**
Raum als Schulklasse aufgebaut

★ **Inhalt:**
Die Bedeutung von Weihnachten: Gefangenschaft und Befreiung

Christine: Guten Morgen Kinder.
Heute könnt ihr das Mathebuch einmal zur Seite legen, denn ich will etwas mit euch besprechen. Wie ihr wisst, steht Weihnachten vor der Tür und aus diesem Grund möchte ich gerne die Weihnachtsgeschichte mit euch einstudieren.

Karin: Die Geschichte kennt doch jedes Kind.

Nils: Die meisten Leute denken sowieso nur an die Geschenke.

Alexander: Ja, alle werden beschenkt, nur das Geburtstagskind nicht.

Sara: Viele wissen gar nicht mehr, warum Jesus eigentlich auf die Erde kam.

Simon: Genau. Für die Menschen ist es ein ewiger Kreislauf, der anscheinend nie zu Ende geht.

Christine: Diese Gedanken habe ich mir auch schon gemacht. Und darum möchte ich die Geschichte dieses Jahr einmal anders mit euch spielen. Wie wäre es, wenn wir zeigen, welchen tiefen Sinn es hat, dass Jesus auf die Erde kam? Machen wir uns doch einmal auf die Suche nach einem Geschenk für Jesus.

Yasmin: Die Idee ist gut. Fangen wir an!

Christine: Stellen wir uns einmal vor, wir befänden uns auf einem Sklavenmarkt kurz vor Weihnachten. Aus diesem Anlass hätte jeder Sklave die Möglichkeit sich seinen Herrn selbst auszusuchen.

Karin: Was heißt denn hier Sklave? Ich bin ein freier Mensch und kann tun und lassen, was mir gefällt. Ich habe keinen Herrn.

Christine: Das denken die meisten Menschen und merken gar nicht, dass sie durch ihre Fehler und Schwächen Sklaven der Sünde geworden sind.

Heidi: Genau so ist es. Darum komme ich zu euch, um euch einen Weg zur Befreiung aus diesem Joch zu zeigen. Mein Name ist Gerechtigkeit und im Reich meines Herrn herrschen Friede, Liebe, Sanftmut, Ehrlichkeit und alle sind freundlich zueinander.

Marliese: Ach, hört doch nicht auf dieses Geschwätz. Mein Herr, der Fürst der Finsternis, kann euch viel mehr bieten: ein Leben in Saus und Braus, Geld und Macht, Abenteuer und keinerlei Einschränkungen. Er nimmt euch mit allen Fehlern und Schwächen und ihr dürft bleiben wie ihr seid.

Nils:	Für Abenteuer und Action bin ich immer zu haben.
Alexander:	Mich locken Geld und Macht, denn Geld regiert die Welt.
Sara:	Mir ist Bequemlichkeit das Wichtigste, darum will ich mich auch nicht ändern.
Simon:	Bei dem Herrn der Sünde haben wir doch die absolute Freiheit, oder gibt es da vielleicht Bedingungen?
Marliese:	Oh ja, mein Herr verlangt völlige Unterwerfung und blinden Gehorsam von euch. Aber dafür schenkt er euch am Ende eures Lebens Ruhe von Sorgen und Krankheit.
Heidi:	Ja, die ewige Ruhe, nämlich den Tod, schenkt er euch. Ihr armen Sklaven! Merkt ihr denn nicht, wem ihr da auf den Leim gegangen seid? Der Herr des Lichtes, Jesus Christus, macht euch aus Liebe und Mitleid das größte Angebot, das er zu geben vermag: Er hat die Herrlichkeit seines Reiches verlassen und mitten unter euch gelebt. Doch kaum jemand hat ihn erkannt. Er hat mit euch Arbeit, Essen und Wohnung geteilt und war den gleichen Versuchungen ausgesetzt wie ihr. Bevor er jedoch wieder heimgekehrt ist, hat er einen Kaufpreis für euch gegeben, den niemand überbieten kann. Er hat mit seinem Blut allen Sklaven die Freiheit teuer erkauft.
Yasmin:	Das ist ja überwältigend!
Karin:	Jesus hat also den Kaufpreis für uns bezahlt, obwohl er gar nicht wusste, ob wir ihm auch dienen wollen.

Nils: Wir können heute frei entscheiden, ob wir sein Angebot annehmen oder nicht.

Alexander: Aber umsonst wird er uns die Freiheit bestimmt nicht geben.

Sara: Schließlich hatte die Sünde auch Forderungen.

Heidi: Jesus hat nur eine Bedingung: dass ihr alle fest an ihn glaubt.

Simon: Und wir müssen ihm nichts dafür geben?

Heidi: O doch eine Kleinigkeit erwartet er schon als Gegengabe.

Yasmin: Hab ich's mir doch gedacht, dass ein Haken an der Sache ist.

Heidi: Jesus wünscht sich euer Herz als Geschenk!

Die Kinder schauen sich erstaunt und dann zustimmend an und sagen schließlich im Chor:

Wenn das so einfach ist, dann dienen wir freiwillig diesem Herrn und schenken ihm unser Herz!

(Vorschlag: Bei den letzten Worten ziehen alle ein gebasteltes Herz aus der Jackentasche und halten es hoch.)

Die Tiere im Stall von Bethlehem

★ **Anzahl der Spieler:** 7-10
(2 Sprecher, 1 Kuh, 1 Esel, 1 Maus – Mimi, mehrere Schafe)

★ **Zielgruppe:** Kinder bis etwa 10 Jahre

★ **Dauer:** ca. 20 Minuten

★ **Inhalt:**
Die Tiere verändern ihre Einstellung, nachdem sie erfahren haben, dass Jesus in einem Stall wie dem ihren geboren wurde.

Sprecher 1: Auf einem abgelegenen, kleinen Bauernhof lebten einige Schafe und Hühner, die Kuh Berta und der Esel Grauohr. Dieser war schon sehr alt. Die Kuh Berta war meistens ziemlich übermütig und spottete gerne über die anderen Tiere. Selbst vor der Bäuerin hatte sie keinen großen Respekt. Erst gestern hatte sie ihr wieder beim Melken den Eimer umgestoßen, so dass die Milch nach allen Seiten spritzte.
Der Esel Grauohr hingegen ließ immer wieder trübsinnig den Kopf hängen, denn er hatte ein sehr wechselhaftes und trauriges Leben hinter sich und durfte seinen Lebensabend auf diesem Bauernhof verbringen.

(Während der Sprecher die Tiere vorstellt, treten diese vor und bewegen sich: die Schafe blöken, die Kuh verhält sich übermütig, der Esel traurig oder phlegmatisch.)

Sprecher 2:	Im Sommer durften die Tiere auf eine nahe gelegene Weide, doch jetzt im Winter bei Eis und Schnee mussten sie im Stall bleiben. Da kam natürlich bald Langeweile auf und auch kleine Streitigkeiten blieben nicht aus. Meistens war es Berta, die an Grauohr wegen seiner Sturheit herumnörgelte. Doch heute drang mitten hinein in das eifrige Wortgefecht der beiden Tiere ein fröhliches Pfeifen. Beiden schauten sich um.

(Die Tiere streiten ein bisschen miteinander.)

Berta:	Du, Grauohr, schau doch mal, was seh ich denn da, eine Maus. Eine Pfeif-Maus, so was habe ich noch nie gesehen.

(Beide horchen erstaunt auf.
Vor Staunen bleibt Berta der Mund offen stehen.)

Maus Mimi:	Warum stiert ihr »Schweizer-Käse-Löcher« in die Luft? Darf ich mich vorstellen? – Ich heiße Mimi und bin eine Wandermaus. Heute hier, morgen dort, stets an einem anderen Ort. Darf ich mich ein wenig bei euch ausruhen und aufwärmen?
Berta:	Aber natürlich, wir sind doch für jede Abwechslung dankbar, stimmt's, Grauohr?

(Berta blickt Grauohr provozierend an, der blickt die Maus misstrauisch an.)

Grauohr:	Ich hab schon viel schlimmeres mit Eindringlingen und Fremden erlebt, aber wenn du meinst, Berta ...
Maus Mimi:	*(lustig munter)* Ich bin schon weit in der Welt herumgekommen und habe viel erlebt. Sogar auf einem Schiff war ich schon, das ist bis nach Afrika gefahren.

Alle Tiere: *(aufgeregt)* Bitte erzähl doch ein bisschen davon.

Maus Mimi: Gern, doch erst möchte ich wissen, warum euer Freund, der kleine graue Esel so missmutig aus seinem Fell schaut.

Grauohr: *(weinerlich und traurig)* Das kann ich dir sagen. Mein Leben war stets von Arbeit und Kummer erfüllt. Ich hatte schon viele Besitzer. Die meisten Bauern packten mir immer viel zu schwere Lasten auf meinen Rücken und wenn ich dann nicht mehr weiterlaufen konnte, schimpften sie mich und schlugen mich. – Doch dieser Bauer hier, der lässt mich zum Glück in Ruhe.

Maus Mimi: *(mitleidig)* Lieber Esel, gleich werde ich dir eine Geschichte erzählen, die dich wieder fröhlich und auch ein bisschen stolz machen wird. – Also ihr habt doch sicher alle davon schon gehört, dass Gott der Herr über Himmel und Erde alles erschaffen hat, und dass er auch über uns allen wacht und uns lieb hat, oder?

Alle Tiere –
außer Grauohr: Ja, ja.

Grauohr: *(erstaunt)* Wieso gerade mich? Die Menschen sagen doch immer, ich sei dumm und störrisch.

Maus Mimi: *(lebhaft)* Ja, weißt du denn nicht, dass gerade einer deiner Vorfahren den Sohn Gottes, Jesus Christus, auf seinem Rücken getragen hat. Genauer gesagt, war es eine Eselin mit einem jungen Füllen. Jesus hat sich den jungen Esel ausgesucht, damit er auf ihm in die Stadt Jerusalem einziehen kann. Und ganz viele Menschen haben ihm dabei zugejubelt.

Grauohr: *(horcht auf)* Und dann, was passierte dann? Erzähl mir mehr davon.

Maus Mimi: Die Menschen schwenkten Palmblätter, sie sangen und breiteten ihre Kleider auf dem Boden aus. Und über den Kleidern ist dann Jesus mit der jungen Eselin in Jerusalem eingeritten – aber es kommt noch besser. Wisst ihr, wer damals als erstes das neugeborene Jesuskind sehen durfte?

Alle Tiere: *(schütteln ihre Köpfe)* Nein, wer denn, erzähl uns weiter.

Maus Mimi: Damals war es so, dass alle Leute im Reich von Kaiser Augustus in ihre Heimatstadt gehen mussten, um sich in Steuerlisten eintragen zu lassen. Deswegen musste auch Josef mit seiner Frau Maria von Nazareth nach Bethlehem reisen. Maria war zu dieser Zeit schwanger und sollte bald das Jesuskind zur Welt bringen. Maria ritt auf einem Esel. Als sie in Bethlehem keinen Übernachtungsplatz in einem der Gasthäuser fanden, gingen sie in einen Stall, um dort zu schlafen. In diesem Stall waren auch eine Ochse und ein Esel und Josef stellte seinen Esel neben die beiden.

Grauohr: *(seufzt)* Ach, muss das schön gewesen sein.

Maus Mimi: Ja, und weißt du, was dann passiert ist? In dieser Nacht wurde Jesus geboren, in diesem Stall. Und der Ochse und der Esel haben das alles miterlebt und sie waren die ersten, die dieses Wunder sehen durften. Später kamen dann die Hirten vom Feld und haben von den Engeln erzählt, die von der Geburt von Jesus gesprochen haben und die miteinander Loblieder für Gott gesungen haben. Was meint ihr, wie schön das gewesen sein muss. – Einige Zeit später kamen dann noch die Weisen aus dem Morgenland mit ihren Kamelen und mit den Schätzen ihrer Länder, die sie dem Kind geschenkt haben.

Sprecher 1: Einige Zeit war es ganz still im Stall, die Tiere schwiegen ehrfurchtsvoll. Dann begann Grauohr zögernd zu sprechen.

(Währenddessen sind alle anderen Tiere ganz still.)

Grauohr: *(strahlt über das ganze Gesicht)* Ja, wenn das so ist, dann habe ich wirklich keinen Grund zur Traurigkeit. Von nun an will ich wieder lachen und mich freuen, denn ich weiß, dass Gott auch mich lieb hat.

Berta: *(etwas verlegen – zuerst mit gesenktem Kopf, dann immer fröhlicher)* Es tut mir Leid, dass ich oft über euch alle gespottet habe. Besonders über dich, Grauohr. Aber von nun an will ich mich bessern. Denn schließlich war auch einer meiner Vorfahren bei der Geburt von Jesus dabei und das betrachte ich als besondere Ehre. – Darum will ich mich bemühen, in Zukunft zu euch allen nett zu sein – auch zur Bäuerin. Und ich glaube es war dumm von mir, meine eigene Milch umzuschütten.

Sprecher 2: Alle Tiere waren wieder vergnügt und lachten sich versöhnlich zu.

(Die Tiere reden fröhlich miteinander.)

Grauohr: Sag mal, Mimi, woher weißt du das alles eigentlich so genau?

Maus Mimi: *(vergnügt)* Wir Mäuse sind eben überall und besonders gern in einem warmen Stall. Und weil wir auch gerne noch schwatzen, wird diese Geschichte in unserer Familie von Generation zu Generation weitererzählt.

Sprecher 1: Mit diesen Worten kuschelte sich Mimi erschöpft ins warme Stroh und schlief sofort ein.

(Mimi schläft ein.)

Notizen

Notizen

Notizen

Notizen

Notizen